這句話救了我

金美敬 김미경——著　黃莞婷——譯

이 한마디가 나를 살렸다　100번 넘어져도 101번 일으켜 세워준 김미경의 말

我們一起創造的「這句話救了我」

從「講師金美敬」到「YouTuber金美敬」，一眨眼兩年過去了。物理時間僅有兩年，我二十八年的講師生涯卻經歷了質的變化。

我的職場在不久前只有講臺或電視節目，要是沒有人給我站在臺上的機會，我就沒機會跟大家見面，但我現在像寫日記一樣，每天拍影片上傳YouTube，每天二十四小時都通過影片和身在全世界各地的大家見面。

我和大家的交流方式也變了。過去在電視節目上談話時，我不知道誰是我的觀眾，還有大家是怎麼理解與接收我的話，有時我也會覺得自己在對空氣發言。不過現在我馬上就能知道誰在看我的影片，也能即時收到觀看影片的人的留言，知道大家有什麼感想。我把影片留言當成聊天軟體一樣，跟大家聊天交流。

以前大家會說「在電視節目《早晨庭院》（아침마당）見過您」，但最近會說「YouTube上見過您」。大家知道這種變化有何意義嗎？這代表我們之間的距離變得更近了。

過去大家得預約講座門票，或提前查好電視節目播放時間才能聽見我說話，現在大家知道在哪裡可以看見我，想聽我說話的時候，到YouTube隨時都能找到我。有的人像每天上班打卡一

樣，天天來看影片，有的人一天花一個多小時連看好幾支影片後留言。雖然我們不是面對面見面，但通過影片，每天分享日常，心與心的距離也變得更近了。

我們會稱經常碰面，認識多年的關係為「朋友」。把自己的缺點曝光在朋友面前，向朋友傾訴苦惱，都是理所當然的。我時常覺得YouTube影片留言區是我和好友之間的苦惱諮商所。每次有人留言告訴我一些難以啟齒的傷痛，或是問我該如何克服動搖人生的不幸，我都會當成自己的事一樣，絞盡腦汁，反覆思索怎麼回應才好。

我有一次看見一位移民到美國的韓國女性的留言，很開心。她說自從搬離韓國，不適應美國生活，感到辛苦，原本自暴自棄的她在看到我的影片後，鼓起勇氣學英文，打起精神努力生活。雖然沒和我真的見過面，但對她來說，我是像「媽媽」一樣的存在。

她最後又說自己身邊有很多跟她一樣辛苦的媽媽，因為我說的一句「做得好」變得能喘息了，問我能不能去美國講課。如果這篇留言到此結束，我還能忍得住，不過在留言下方來自四面八方的人留言「也請您來雪梨講課」、「請也來多倫多吧」。那些留言動搖了我的心。我在三週內輾轉於美國、加拿大和澳洲三國十三座城市，跟國外韓僑見面。對我來說，這是個很困

難的決定。因為我得推遲已經決定好的課程，還要自掏腰包付所需費用。而且，雖然留言熱烈，但實際上很難預測會有多少人到場聽講。光看留言就下定決心進行海外巡迴講座本身就是一次莽撞的挑戰。

不過，現場反應超乎期待。每當我抵達一座新城市，都有數百人到場聽講，他們說這是他們去美國之後第一次看見這麼多韓國人齊聚一堂，一起用母語又哭又笑又感動，非常幸福。

那一刻我醒悟了，包括那些留言在內的影片才算是完整的。

我之前認為把製作好的影片上傳就結束了，留言不過是大家對那支影片的反饋。但在舉辦完海外巡迴講座後，我的想法有了三百六十度的轉變。影片不過是起頭，是留言引領我和美國十三座城市的韓僑一起又哭又笑，分享故事，直到那時，我的影片才算是真正地完成。拍影片只是過程的一半，而粉絲留言填補了剩下的一半。

來看我的影片的人都有著明顯特徵，那就是大家比任何人都熱愛人生，努力生活著。其實在我的影片裡大多是我的嘮叨，大家傾聽、融會貫通到人生中，然後回來留言告訴我人生產生了什麼樣的變化。忽略人生的人絕對做不到這種事。也因為這樣，大家的留言總是很踴躍。

不僅如此，大家還會閱讀其他人的留言，回以共鳴，講述自身經歷，安慰與鼓勵對方。我必須坦白，我在影片中所說的，不是我獨自思考後說出的話，而是大家和我分享日常苦惱後一起創造出的內容。我拋出第一句話，大家回我留言，我又回大家的留言，有新的故事不斷地誕生。

二〇一九年年底，我拜託了大家一件事。請大家從YouTube頻道「金美敬TV」影片中選出「讓我振作起來的一句話」。很多人上傳了各式各樣的故事。

「我因為嚴重的低潮，一直自暴自棄，我從『五年來畫的點能成為箭頭』這句話獲得安慰。今後，我決定不再焦慮，想試著創造屬於我的內容。謝謝您點醒我。」

——YouTube ID「ssukssam TV」

「我很沒自信，做事老是猶豫不決，經常錯過了機會。我因為『能舉起我自己，就能舉起宇宙』這句話產生了勇氣。後來進入YouTube大學，參加讀書會，正在拓展我狹隘的視野中。謝謝您。」

——YouTube ID「漂亮的我」

我看到這些改變人生的故事，我很欣慰也很幸福，不過，大家該感謝的人似乎不是我。因為一句「你是個不錯的人」的話而恢復了原本崩塌的自信，那麼了不起的是說這句話的人呢？還

是聽了這句話而鼓起勇氣的人呢？

因為一句「不是你的錯」的話而克服了愧疚感，優秀的是說這句話的人呢？還是用這句話治癒自己的人？

如果您從我的一句話獲得勇氣，那不是因為它動人心弦，而是因為您是能獨力爬起來的人。

如果您從我的一句話獲得安慰，那不是因為它精采絕倫，而是因為您擁有能自救的力量。

本書中收錄的「這句話救了我」，是藉由我金美敬的口，和大家一起創造的故事，是我們從無數影片和留言的問答之間，一起思考、領悟的。就像影片必須包含留言在內，才算是真正完成一樣，這本書也是因為有了大家的故事才得以誕生。我想藉此感謝每天看影片，並留言給我的每個人。我把選出「這句話救了我」的所有訂閱者ID全部收錄於書中。因為這是大家和我一起寫的書。

最後，我想告訴大家閱讀這本書的訣竅。一頁一頁翻，當發現哪句話打動您的心時，請用漂亮的螢光筆畫底線吧。在那一瞬間，那句話就成為您的故事。每當生活疲憊的時候就翻開書，讀一下用螢光筆標記的那句話，您會感受到內在的勇氣與自信逐漸變得強大，希望我和大家一起創造出的這本書，能成為更多人的「這句話救了我」。

等待新的春天來臨
金美敬致上

Contents

PART 1　這句話救了我的心

PART 2　這句話救了我的日常

PART 3　這句話救了我的珍貴關係

PART 4　這句話救了我的夢想

假如您能從我的一句話獲得勇氣，

您已經是一個人

也能站得起來的人了。

PART

1

這句話
救了我的心

開始的技巧

面對新的挑戰，
我們經常陷入這樣的煩惱中：

「是不是應該準備得更完美再開始？」
「草率行動會不會失敗？」

但這世上永遠沒有準備完美的時候。
如果要等到一切都準備好，
那麼這輩子都開始不了，

我在開始時會搶占先機，
我作好一半準備時直接開始。
不，有時候只準備好百分之十也就夠了。
只有開始才知道會變成怎樣。

那麼，只要開始就一定會成功嗎？
不，會迎來無數次的失敗。
在實戰中會重複地失敗和跌倒。
但在這個過程中，能填滿剩下的部分。
不斷的失敗，

是填補沒準備好部分的最佳之道。

我人生中所有的成功都始於莽撞的開始。

所以，請別等待，

直接開始吧。

開始的時候，跌倒是很正常的。

雖然會因為太累而尋找別的出路，

但我活到現在，發現沒有比這更好的路了。

不斷地摔倒再爬起，

是最接近夢想的唯一方法。

所以，請別猶豫，現在開始吧。

▶ **姐姐的暖心毒舌 #55**

準備得差不多時就開始吧！

恐懼之袋

在開始做新的事情之前，
我們會先自問：
「我對這件事有信心嗎？」

但是，這是錯誤的問題，
是不該問自己的問題。
哪有人挑戰某件事的時候，
從一開始就充滿自信的呢？
每個人都害怕新的挑戰。

人們時常誤解恐懼，
以為恐懼和自信是一種情緒選擇。
以為說著「我有自信」，選擇自信，就會產生自信。
以為別人能作出好的選擇。

可是，當我遇見了「有所成」的人，
我發現的秘密是，他們都會恐懼。
那麼他們是如何處理恐懼的呢？
他們把恐懼裝進袋子，扛到肩上，
往前邁步。

雖然把恐懼之袋背在肩膀上很辛苦，
但他們還是一步步地前進。

不過，在恐懼之袋裡隱藏著一個讓人心存希望的秘密。
它有一個很小的洞。
所以當背著它走得越遠，你會發現
裡面裝的恐懼在不知不覺中慢慢地溜走了。
就這樣走著走著，再回頭看，
我在不知不覺中走了很遠，恐懼之袋也變輕了。

所以不要自問，
「有沒有信心？」
背起恐懼之袋，直接走吧。

如果你的恐懼之袋太大，很難背到肩上的話。
減輕恐懼之袋的重量也是一種方法。
如果期許做得好的壓力，
重到超出你所能承受的重量的話，
那麼，你一步都跨不出去。
所以，抱著「姑且一試」的心態，
減輕恐懼之袋的重量吧。

這世上所有的偉人，
不是天生就有自信的人。

他們是背起恐懼之袋邁出第一步，
然後堅持走到第一萬步的平凡之人。
自信不是我們能選擇的情緒，
而是當恐懼之袋清空之際，
我們不再害怕的心態。

▶ 夢想財富 #12

把人變得有魅力又有
自信的方法！

▶「這句話救了我！」⏸

> 「每個人都有恐懼之袋。
> 哪有人沒有恐懼這種情緒。」

四十年來，沒人告訴過我、總是折磨我的「沒自信」病好像瞬間痊癒了。從那天之後，我邊想著「當然有可能犯錯啊。哪有人一開始就做得好」，邊一步步往前走。當恐懼襲來的時候，我邊想著「每個人都會害怕。害怕是正常的，大家只是努力看起來不怕而已」，邊堂堂正正地與之對抗。就這樣度過了一年，面對每天都一點點成長的我。

我今天也努力地活出自我，盡著我渺小的本分，我感到自豪與開心。我不怕暴露我的不足，也不會退縮或隱藏。我為了彌補不足而不斷地學習，明確地說出我能做的和不會做的。在覺得我能辦到的事上，毫不猶豫地推進。雖然我不確定我的同伴「恐懼」會和我在一起到什麼時候，但可以確定的是，恐懼消失之後的空位會被自信填補。

當我的孩子猶豫的時候，我會理直氣壯地告訴他：「不要光煩惱，直接試試看吧。雖然一開始很難做得好，但如果克服恐懼，堅持前進的話，將會遇見自信的你。媽媽也這樣子過，我沒有停下腳步，堅持往下走，結果成功了。」

— kyunghee Lee

請偶爾看看我的背

大家偶爾會有這種念頭吧。
「我現在才五十出頭，
難道要拖著病軀過完餘生嗎？」
大家都有遇過這種時候吧？
終日忙碌，某一天身體發出信號，
說它再也撐不下去了。

當時我下定決心上健身房。
開始運動的第一天，
大家知道我最先做了什麼嗎？
我拍下了自己的樣子。
教練說，如果我留下運動照，
日後可以從照片看見自己的變化。

不過，那天拍完照我真的嚇了一跳。

我第一次知道自己的背影長成那樣。

高聳的肩膀，

被埋在肩膀裡看不見的脖子，

擠出肉的腋下，

如果只有這樣，

還算好。

背怎麼駝成那樣子？

雖然是我的模樣，但可怕到連一秒都不想多看，

五十多年來都不知道我長那樣。

我每天都會照鏡子，看自己的正面。

看太多次，也太常看了，所以很熟悉。

出門前打扮一下，整理服裝儀容，只看到自己打扮好的模樣，

所以以為自己真的很好，很不錯。

可是，照片中站著一個駝背的，

老女人。

我看見那駝著的背，

眼淚不知不覺地流下。

從二十多歲到現在的三十年時間裡，

辛苦賺錢養三個孩子的我，

努力熬夜讀書的我，
失去金錢又失去健康而痛不欲生的我，
大大小小的生活重擔壓在我的背上。

所以，那天我對自己說：
「美敬，你活得太可憐了。
原來這段時間這麼累啊。
你真的太努力了，真的辛苦了。」

從那天開始，我每天都堅持運動。
我想替一直以來辛苦的身體注入活力，
我想治癒過去忘了照顧的自己。

就這樣過了幾個月，我的體重減輕了，
全身疼痛也幾乎都消失了。
駝著的背回到了二十幾歲的模樣。

我最近一見到人，
就會推薦對方拍背影照，
要對方好好地看一看從沒留意過的地方。
那樣就能看見一直被棄之不理的「我」真正的人生。
那駝起的背，那扛起所有人生重擔的肩膀，
那個被人生痛苦壓抑的，可憐的我。

我們從現在開始要安慰自己的背，
放鬆因為吃苦而駝成一團的背，
用雙臂溫暖地擁抱自己的背影，
因為能治癒我的人只有我自己。

金美敬的我說 #154

請偶爾看看背。

把擔憂減半的方法

當人們在生活中遇到讓人感到可怕又疲憊的事情，
為了解決那件事，人們會開始擔憂，
因為擔憂是人類的本能。

但你知道擔憂的時候會怎樣嗎？
先是大門不出，
窩在被窩裡，
穿得隨便，
把頭髮壓得扁扁的，
把自己放進被窩裡，燜住擔憂，
就像在溫突 $_1$ 裡放醬曲 $_2$ 一樣，
讓擔憂自行創造最佳的發酵環境，
招來下一個擔憂。

但其實擔憂更像是未經提煉過的瑣碎雜念。
既無先後順序，也不符合任何邏輯，
所以一旦我開始擔憂，就會為還沒到來的未來擔心，

1.朝鮮半島內有取暖設施的傳統房屋，類似今日的地暖。以下皆為譯註。
2.韓國的傳統發酵物，會放入溫暖的溫突房裡進行發酵。

也會因為已經過去的過去徬徨。

結果，
原本只有一公克重量的擔憂，
變成了一公斤重，
把我壓在被窩裡，不讓我出來。

每當這種時候，
我的應對方法就是立刻起身。
沖澡、洗頭、換套乾淨衣服，
泡杯咖啡坐到桌前，
或打扮得漂漂亮亮出門去。

當我這樣一做，我驚奇地發現：
我想不起來之前在擔心什麼，
擔憂瞬間消失了一半，
欣賞街景，品嘗美食，用感官感受新環境的時候，
我的腦袋終於開始為自己尋找解決方法。

擔憂也是一種習慣。
就像起床後要換掉睡衣一樣，
如果感到憂慮，
就得從座位上起身，活動身體。
這樣才能阻止無形的擔憂擴大。

把自己窩在被窩裡就會越想越擔心，

如果站起身活動，就能減少一半的擔憂。

別擔心了，被子外面不危險。

▶ | 金美敬的我說 #125

把擔憂化為「願望」
的方法。

壓力不是痛苦，是提問

大家平時有多常見兄弟姊妹呢？
大部分逢年過節的時候才見面。
但是為什麼比起喜悅，會先感到不安呢？
大概是因為會被問起這段時間過得怎麼樣，
有種接受人生中途評價的感覺。

職場、年薪、減肥、小孩成績……
當大家聊起各種話題，
自然而然就會比較起來了。
這種比較會導致自卑或自責，
結果累積越來越多壓力，使得心靈生病。

但你有沒有想過？
感到壓力的那部分，
不正是我的弱點所在嗎？
家人不是故意攻擊我，
是我的弱點讓我受傷，才感到壓力。

如果你現在點頭了，
那換個想法怎麼樣呢？

我所承受的壓力，
是某人對我的弱點提問。
「你可以繼續過現在這種生活嗎？」
是揭開了過去我努力地忽略的弱點。

承受壓力，
是我活著的證據。
感到傷心，
是我想做得更好。

所以，這樣想吧，
所有的壓力對我來說都是會讓我生病的問題。
壓力長期停留在我的體內，
反而證明了我的身體迫切地想解決這個問題。

▶ **金美敬的我說 #156**

年節壓力不是痛苦，
是提問。

▶「這句話救了我!」⓫

> 「適當的壓力能讓我們不斷地成長,
> 有壓力代表正在成長。」

如果讓自己遠離能受到刺激的情況,就會陷入毫無意義的無刺激狀態,蹉跎光陰,我認為人生在世一定要有適當的壓力。

我故意把自己送到有壓力的環境中,像是凌晨四點起床,閱讀,一天一讀,每個禮拜交三次作業(現在是一次),每個月會發兩次凌晨文章,參加清晨讀書會和主題討論讀書會,藉以刺激自己。我付出了很大的努力,讓自己適應這種環境,結果造就了不同於過往的我。刺激和適當的壓力確實令我成長,創造了與過去不同的我。

現在的我學會享受一定程度的壓力。這個過程一定是很累的,而前進的過程更。但我在承受壓力的同時,學會了用自己的方式戰勝壓力,和定義自己的人生。

——曹安娜*

＊編案:本書人名皆為音譯

莫回初衷

當事情不順利的時候，
當人際關係出現問題的時候，
我們的口頭禪是：

「莫忘初衷。」

可是每當我處於低潮時，
我一點都不想回到初衷。
因為我現在的心態，
比最初的心態好太多了。

我的新婚期初衷是
「努力生活」、「彼此相愛生活」。
你們知道過了幾十年的現在的我是怎樣的嗎？
我學會了理解彼此的不足之處，互相體諒。
我學會放下不如意的事。
我現在的心比過去更寬大、成熟。

如果你們問我當講師的初衷是什麼？
我現在才能說出來，但實在不怎麼樣，

其實是會被受到很多批評的初衷。

我實力不夠，卻想舉辦高水準的講座，

貪心想賺錢，硬是辦了很多講座。

我的初衷充滿了幼稚、自滿與傲慢。

然而，初衷也是我珍貴的心意。

「雖然懵懂無知，但一定要好好做。」

大家不覺得這句話有種不問一切的天真嗎？

對婚姻的初衷，

對職業的初衷，

是人生中不該遺忘的，只屬於我的純情。

但當發生會動搖人生的問題時，

你們該問的不是過去的初衷，

而是要問現在已經成長的心。

當婚姻生活不順時，

有資格與自己對話的，

不是曾下定決心「一定要好好做」的初衷，

而是到昨天為止，

都還懂得包容對方不足的

成長的心。

我現在出現的問題，

得問我現在的心。

不要老是回到初衷，
不要老是跟初衷搭話，
到昨天為止我成長的心，
會給更好的答案。

金美敬的我說 #122

請不要回到「初衷」。

大人的標準

「我像爸爸，所以有點暴躁。」
「我像媽媽，所以有點挑剔。」
你說過這種話嗎？
當某人指出我的缺點時，卻生氣地拿父母當擋箭牌。

我很喜歡體貼的爸爸，
但他偶爾會莫名其妙地用言語攻擊別人，
或大聲羞辱身邊的人。
不然他的外號怎麼會是「繞圈的蜜蜂」呢？
螫人螫得很痛的意思。

我從小就討厭他那個樣子，
但不知從何時起，我也跟爸爸一樣，
對周圍的人說著難聽的話。

起先我怪爸爸，
從小被爸爸耳濡目染，
所以我也變成這樣了。
但過沒多久我意識到，
我的身體犯下的錯誤是我的問題。

出生不久，凡事都是第一次的時候，
我們會像海綿一樣吸收周圍的人的言行舉止。
仿效父母的話語和行動，
從某種角度來看，這是理所當然的結果。
在自己缺乏判斷是非對錯的時期，
大可怪罪父母。

但是，長大成人後就不行了。
人生的主導權回到自己手上後，
一切行為的責任都在自己身上。
明知是錯誤的行為還重蹈覆轍，
那不是因為父母，而是因為自己。
不戒掉錯誤是自己的問題。

經濟獨立，
不代表長大了。
只有根除父母錯誤的模樣，
才能成為真正的大人。

▶ 姐姐的狠話諮商所

想克服父母給的傷害？

心靈計算法

你們知道自尊和自尊感的差異嗎？

說「我的自尊很強」的時候和
「我的自尊感很高」的時候，
能感覺到心態變得截然不同嗎？

首先，
自尊強的人和自尊感高的人的
心靈計算法不同。

自尊強的人在人際關係出現問題的時候，
會忘記過去從對方那裡得到的好意，
只記得眼前的傷心，
敲打著難過計算機。

如果到此為止，那還算好吧？
自尊強的人會把難過加乘，
因為對方做出多不禮貌的行為，
所以我有多傷心委屈。
就把難過乘以兩倍、三倍。

相反地，自尊感強的人，
就算現在經歷了傷心的事，
也會先想起過去對方對我的好。
「那個人以前給了我怎樣的幫助」，
「那個人原本是善良的人」，
敲打著感恩計算機。
把過去感恩的心帶到現在，
把眼前的難過拋到腦後。

為什麼兩者之間的心靈計算法不同呢？
那是因為心的坪數不同。

自尊強的人內心空間太小，
只容得下自己的心。
怕有其他人的心進入的話，自己的心會崩塌。
也害怕接受別人的心，對方就會小看自己。
如果對方道歉，應該要接受那份心意才對。
但因為心的坪數狹小，所以只能推開那顆心。

老人家常說：
「我的人生全靠自尊撐下來。」
這句話的意思是，
「我的心坪數很狹小，誰都別進來」。

因為光守護我的想法和我的心就夠累了，
所以選擇推開別人，自我隔絕。

而自尊感強的人，心的坪數很大。
進來好幾個人也綽綽有餘。
因此會包容比自己弱的人和不足之人，
用共存的心態生活。
因為心的坪數很大。
即使進入了和自己不同的想法與心意，
也能不起衝突，和多元價值和平共處。

你們最近因為不順利的人際關係而煩惱嗎？
那麼在責怪對方之前，
先看一下自己的心靈計算法，這樣如何呢？

▶ 人際關係對話法#20

長久守護我和珍貴之人
關係的，自尊計算法！

如果想改變現在

在人生中會碰上一些不可重來的，
關鍵性抉擇。
如果不滿意職場或工作，
我們隨時都能換。
可是結不結婚？要結的話跟誰結？
生不生小孩？要生幾個？
一旦作出決定就無法推翻。

但我們大部分都在少不更事時，
作出改變人生的關鍵抉擇。
三十歲前結婚、生子、育兒。
即使那是當時最好的決定，
但隨著時間流逝，肯定會後悔。

我活到這把年紀才了解，
五十歲以後才能作出婚姻的最佳決定，
因為我現在才知道自己是怎樣的人。
二十多歲的時候，我連自己都不了解就選擇了某人。
我沒想過自己想過怎樣的人生，
就把我的人生推進了婚姻裡。

生下孩子後告訴自己：「你現在是個母親了」，
就這樣被強迫自己過著從未想過的人母生活。
所以，怎麼可能會滿意呢？
如果當時作出另一種抉擇會不會更好呢？
後悔是當然的。

但僅此一次的抉擇是無法重來的。
無論我們多想回到過去也是回不去的。
我們現在能作的是，
「不同的抉擇」。
我稱之為「修正」。

與其後悔太年輕就決定結婚生子的，
過去的決定，
不如閱讀學習，幫助了解自己。
為了成為比現在更有意義的我，
我沒選擇當能賺錢的鋼琴補習班老師，
而是選擇當賺不到錢的講師。

不被過去的決定束縛，
為了朝我想要的方向前進，
邊作出無數不同的選擇，
逐步地修正我的人生。

我現在每天都一點點地修正中，
我每天都自問，
我要停在什麼地方才會幸福，
我以後想過什麼樣的生活，
並且修正我的選擇。

如果我不滿現在的人生，
不僅是因為過去作出的錯誤抉擇，
也可能是因為在作出決定後，
我沒有把每一天修正成滿意的模樣。

你也在後悔某個過去的選擇嗎？

那麼試著為了自己，度過修正的一天吧。
令人滿意的未來取決於我今天的修正。

 姐姐的暖心毒舌 #92

後悔現在的模樣，想
改變的時候。

▶「這句話救了我！」⏸

「把我的人生修正成我喜歡的模樣。」

當所有後悔湧來時，我只能做一件事！那就是修正，不怪罪別人。說到底是我的錯，怪別人不會改變任何事。「我愛我自己，所以才希望自己事事如意，不是嗎？可是為什麼我又自責又怪別人呢？」在那個時候，我重新思考與審視我的人生。

於是，我為了自己堅持過好每一天。要愛今天才行，畢竟我能停留的地方只有今天。為了創造適合我的幸福人生，我現在也不斷地修正。

—— 星星拇指 STAR FINGERs

非常羨慕朋友的時候

「我朋友嫁到了超級有錢人家。
相較之下，我和一個平凡男人交往。
我一直以來都很認真生活，但是結個婚就差這麼多，
我好羨慕朋友，也好傷心。」

大家應該都有過一次這種經驗吧。
羨慕我親近之人的幸運，
對那樣的自己感到難堪，
覺得自己的現在如此寒酸又微不足道，
變得無精打采，失去了動力。

羨慕就輸了，
可是每次都有輸的感覺，
也多次傷心痛苦，
對羨慕別人幸福的自己感到羞愧。

但是，羨慕不是件該羞愧的事，
更像是本能。
遇到跟我一樣的五十多歲，外表卻像三十多歲的人，
當然會覺得羨慕。

不羨慕別人才奇怪，
這意味著那個人很固執、我行我素。

問題不在於羨慕別人，
而是我停留在羨慕中有多久。

羨慕是我也想成為那個人的善良願望。
人絕對不會羨慕自己不感興趣的事。
平常嚮往旅行的人，
才會羨慕朋友出國旅行。
對覺得旅行很麻煩的宅女來說，
那只是朋友的近況。

羨慕的正向作用是，
推動我們朝自己想要的方向前進。
「我想像那個人一樣減肥成功，變得漂亮。」
「我要像那個人一樣布置書房，飽覽群書。」
「我想跟那個人一樣環遊世界寫文章。」
像這樣子，我們替自己定了新目標。
換成平時，我們會說「以後再做吧」的事，
因為羨慕情緒湧上，會變成「現在馬上行動吧」。

但你們知道如果一直停留在羨慕的情緒中，
會變得怎樣嗎？

羨慕會變質成惡意，否定自己也攻擊對方。

「幹嘛念書，我應該也要像那個人一樣打扮自己才對。」

「靠運動減肥成功？那是因為她本來就很瘦，好嗎？」

「把薪水存下來去環遊世界？最好是啦，一定是爸媽很有錢。」

如果光羨慕別人的成功而不付諸行動，

那份羨慕會在我們的心底腐爛，

被扭曲成自我貶低和對他人的非難。

羨慕很正常，

但讓自己在羨慕中停留太久。

如果放置那份情緒不管太久，

會讓我們的現在變得落魄又渺小，

就像把好好地走在地面的自己推入地下十樓一樣。

所以不要允許我們羨慕的心情，

持續十分鐘以上，

羨慕到輸才是真的輸。

 姐姐的暖心毒舌 #47

羨慕嫁入豪門的朋友時。

▶「這句話救了我！」❚❚

「把羨慕放進相簿裡，再放回書架上，

　快點回來，專注在自己身上吧。」

最近兩個老朋友分別打給我，說他們吵架了，雖然他們互相吐露對對方的不滿，但中間夾雜了羨慕與嫉妒。當時我正在看金美敬TV，也許是因為這樣，我對「把羨慕放進相簿裡，再放回書架上，快點回來，專注在自己身上吧」這句話印象深刻。我覺得雖然我不喜歡比較幸福，但有人看起來比我幸福的時候，「嫉妒」對方，反而是一種健康的情緒。

真正可恥的情緒是，看見別人的「不幸」後說「幸好不發生在我身上」，藉此找到自己的「幸福」的行為。在安心的同時，有沒有安慰對方呢？生疏也無所謂，至少要努力活得不卑鄙無恥，消費別人的感情也得健康地消費才行。讓我們過這種人生吧。

——veggie maman 素食媽媽 Veggie TV

不要為了他人而活

人生中最感到壓力的心情似乎是，
「我起碼得做到這種地步才行。」
想過別人眼中看起來不丟臉的人生，
想過別人看見會羨慕的人生。

老實說，我也有這種心情，
而且很久以前就有了。

我的老家在忠清道曾坪。
父母在鄉下努力工作，
把四年學費寄給身為女兒的我。
所以我一直認為我得好好生活，
要對得起父母的辛苦。

但這不是我想就做得到的。
因為各式各樣的情況，
婚後經濟拮据，
到了四十多歲才置產，
在五個兄妹中，我很晚才站穩腳跟。
過年與家人團聚，

當弟妹們說他們買了房子，
我就會莫名沮喪。
我不滿意我的成績單。

當然，在弟妹們存錢買房的時候，
我邊讀書邊當講師，累積職場經驗。
我和其他人一樣努力地生活。
但這不是肉眼就能看見的，
因為我不能像房子、車子、出國旅行一樣，給大家看一張張的
照片，
老是一句句地解釋我的人生，
講到後來，我覺得自己很可悲就閉口不提了。

我過去的信念被別人的一張照片擊敗，
因此感到洩氣，
瞧不起自己的成果，
對自己的自信不足，
比起別人給我的傷害，我給自己的傷害更深、更痛。

但我現在知道了。
那時候我感到的自卑和自愧，
其實根本不算什麼。

大家忙著過自己的生活，

對別人不感興趣，

別人看我就像坐KTX $_3$ 時欣賞農田風景一樣，

「啊，原來她過著那種生活。」

像一掠而過的風景，

不會像看書一樣細細翻閱。

就算看了也不會記得太久。

歸根究柢，所謂他人的視線並不存在。

存在的只有在意他人視線的我。

所以現在讓我們從他人的視線中自由吧，

取而代之的是，好好照顧自己。

對堅持下去，今天也好好地生活的自己說聲辛苦了，

請愛惜自己，替自己打氣。

姐姐的暖心毒舌 #90

給厭倦活給別人看
的你。

3.韓國高鐵。

不是你的錯

當我們環顧周遭，會發現有些人比起自己的能力，
更愛貶低自己。
就算客觀看來，絕對能做到的事，
也會說著「我還差得遠」，「我做不到」，
總是後退，跌坐在地。

如果我們不清楚自己的能力，
看不清楚自己的位置，
那有可能是憂鬱症。
「因為他人引起的憂鬱症」。

無論在公司或家裡，
如果一直聽著消極的話，
「你的能力就是這樣」，
看不清楚自己的價值，
就會把自己放到最低下的位置。

「你懂什麼？」

「給你錢，你敢一個人去旅行嗎？」
如果不成材的老公每天不斷地聽著貶低自己的話，
不知不覺之間，那些話就會變成他真實的模樣。

「你會做什麼？」
「如果你要這樣做事，就給我馬上辭職。」
如果我們每天聽見惡劣的上司的蔑視言語，
「原來我的能力這麼差啊」，
我們就會變成凡事沒自信，畏畏縮縮的模樣。

要是我們身邊有人用蠻力貶損我，
我們一定要和那個人鬥爭。
不能只是言語衝突，而是往死裡鬥。
如果我們不挺身決鬥，而是置之不理的話，
會連自己都忘了自己是多麼不錯的人。
如果我們因為對方太強大而迴避戰鬥的話，
我們永遠無法擺脫別人捏造的我的虛假形象。

對自尊的虐待讓我變得渺小又寒酸，
這不是人際關係問題，而是生存問題。
沒有比為了維持人際關係而放棄生存，

更愚昧的行為。

不要忍耐，戰鬥吧。為了自己的生存鬥到底。

你沒有錯。

姐姐的暖心毒舌 #109

從他人引起的憂鬱症
中守護自己的方法。

替世上所有的金智英加油

我想很多人看電影《82年生的金智英》時，
流下了共鳴的淚水。
是因為我飽經五十多年的風霜，
已經流光了所有的眼淚嗎？
看電影的時候我沒有嚎啕大哭，
而是看著主角金智英，
尋思「愛自己的方法」。

人們生兒育女是很自然的事。
但如果生完小孩後有了母愛，
對自己的愛卻消失了是不自然的。
不過韓國社會仍固守傳統思維，
覺得母親不需要愛自己。

「我也想出門喝咖啡，也想閱讀，
想出去工作，想獲得他人的肯定。
我不想當『媽媽』，想當一個『成熟女人』。」
聽見金智英的吶喊，所有女性都點頭贊同，
但韓國社會卻搖頭譴責說：
「你為什麼這麼自私？」

我養育孩子的時候也是如此，
三十年後的今天，在我眼中一九八二年生的人仍像孩子，
她們卻與我經歷相同的痛苦，吶喊著相同的心聲，
這讓我震驚。

這世上所有的母親都同時擁有
愛小孩的母愛與愛自己的自愛。
母愛與自愛不是得一方則失一方的零和關係，
而是一體相連的共存關係。

有些人作為全職主婦，養兒育女，
是出自母愛，也是出自自愛。
而有些人選擇在外面實現自我成就，
也是出自母愛與自愛，
只是愛人的方式因人而異罷了。
愛自己和愛孩子的心都是一樣的。

如果不理解這一點，就會像電影中的金智英一樣，飽受罪惡感折磨，

如果嚴重的話，還會得憂鬱症。

我完全不理解為什麼這麼多女性，

長久以來強制被灌輸母愛是天性。

如果媽媽人生的全部都是母愛，

那孩子人生的全部不應該是孝心嗎？

如果所有的媽媽都放棄工作，

只待在家養兒育女，

就是韓國社會所說的美麗的母愛，

那麼孩子也應該拿著第一名的成績單回家，才是美麗的孝心吧。

但這不對吧。

就像強迫孩子一定要考第一是一種暴力一樣，

強迫媽媽一定要有母愛不也是種暴力嗎？

幸好電影中的金智英，

找到了愛自己的方法。

她打開筆電，寫了放上自己名字的文章。

為了不當一個「母親」，而是一個「成熟女人」。

這世上每個人獲得的第一個身分是自己，
媽媽是第二個身分。
第二個身分永遠無法取代第一個身分，
我們都用各自的方法度過愛自己的人生。

我為這塊土地上所有的金智英加油。

 美敬姐姐的暖心毒舌

看了《82年生的金智英》卻沒哭的理由！

▶「這句話救了我！」⏸

「如果錯過愛自己的方法，放任不管二十四小時的話，即
使是大人也會出現精神方面的問題。不管改變了地點或身
分，不管從女人變成媽媽，還是從媽媽變成奶奶，為了尋
找愛自己的方法，你要積極地告訴別人（丈夫、家人），
不要等別人救你，你必須主動救自己。」

當我最珍惜自己、最愛自己的時候，我的人生會變得幸福又有
意義。雖然今年剩沒幾天，但我正在思考該怎麼生活，明年我
要努力實踐我喜歡的閱讀和旅行，還有更愛自己。

——權光環

扛起重任的時候

身負家庭重任的人，
比想像中要多。
獨自撫養父母的人比比皆是，
我見過很多為了付娘家父母和公婆的醫藥費，
而被壓彎了背的媳婦。
我也見過不少照顧沒有謀生能力的兄弟姊妹的人。
真的非常累，落過淚，偶爾也會感到委屈。

我一定要對那些承擔不屬於自己責任的人
說這句話。
這麼累，您是怎麼活到現在的，
您真的非常努力，
真的辛苦了。

我比誰都清楚作為承擔主要生計者的辛苦，
如果我像每個月發薪水一樣匯錢的話，
我要負責他們生計的人大概有三十名。
在成為我的夢想之前，講課是我維持生計的手段。

因此，我有時會感到疲憊，
悲傷湧上心頭。

可是仔細想想，多虧了上天賦予我的命運，
我才能到現在都過得這麼好。
為求生存，盡職盡責，努力地活下去，
是讓現在的我成長的動力。

連看似不屬於我的責任，
我也承擔了，就這樣生活著。
雖然我經常哭，也感到累，
但我認為多虧如此，我才能成為更強大的人。
我才能成為更完整的我。
不得不欣然面對向我走來的命運，
是我的一種生存之道。

不管我喜不喜歡，
一定得活下去是我要面對的現實。
所以不要認為我們很不幸，
想成是完成自我的火種吧。
這是愛自己，還有愛我的人生的，
最明智方式。

▶ **姐姐的暖心毒舌 #45**

給因為不屬於我的責任而疲憊的人。

比起「幸福」，
更重要的是「意義」

美好人生的標準是什麼？

很多人會想到「幸福」。

雖然「你是為了成功而出生的人」這句話，

讓人很難認同，

但不知為何「你是為了幸福而出生的人」這句話。

讓人會點頭贊同，

可是我不認為幸福是美好人生的標準。

因為有太多難以解釋的自發性不幸，

所以很難說幸福是人生的終極目標。

生育小孩是一件又累又痛苦的事，

但很多女性樂意選擇挑戰困難。

即使生養老大累得半死，

還是想生老二和老三。

對我來說，寫書是一件又累又折磨的事。

寫一行就挫敗，寫兩行，不幸就到來。

「我又開始了這麼辛苦的事嗎？」

每次寫書的時候，我都狠揍自己。
但過了一段時間，我又會想「這次要寫什麼書好？」
我發現自己因為這種想法感到快樂。

我們明知會不幸卻仍然選擇不幸的理由是什麼？
因為我們活著不是為了幸福，
而是為了成為有意義的存在。

人生在世，會感受到各種情緒。
其中不只有幸福和快樂，
也有不幸、悲傷、忍耐與痛苦等等。
把這些情緒加總就是我的人生。
只有把所有的情緒融入我的人生中，
才能發現我人生的意義。

如果把我的人生被束縛在幸福的單一情緒上，
不幸福時，我的人生會變得空虛又卑陋。
但如果用意義作為美好生活的標準，
幸福有其意義，不幸也有其意義。

因為孩子幸福到忘記分娩的痛苦，
因為寫書過程的快樂，以至於忘記寫書時的痛苦。
當幸福和不幸這兩種對立情緒共存時，
我們才能遇見自己人生的意義。

在人生中感到自己的人生很不幸時，

不要問：

「我現在過得好嗎？」

請問：

「我現在過得有意義嗎？」

當提問不一樣，答案就會不一樣。

 ▶ YouTube大學贏家課程

不被他人的標準左右，高
瞻遠矚我人生的方法。

世上最沉重的東西

有時候天氣不好，我連出門都懶，
也有時候工作堆積如山，我忙得停不下腳步。
可是無論下雪、下雨或颱風，
無論何時，我到講座現場都有數百人到場。
講座場合總是座無虛席。

起先看到有這麼多人來看我，
我心中不知道有多開心，高聲歡呼著。
但事實並非我想的那樣。

我說笑的時候，有人嚎啕大哭，
我隨口說說時，有人會拍手大笑。
這是什麼意思呢？
他們不是來看我，是來看自己，
是通過我的故事審視自己。
我有一次開玩笑問道，
「你們怎麼會想來聽這個免費講座呢？」
如果講座費是六萬韓元，很容易就能守約，
但免費講座是和自己的約定，很容易就會失約。
不顧惡劣的天氣，排開堆積如山的工作，

把這世上最沉重的自己送到演講地點，
就像扛起整個宇宙一樣。

人生所有轉折點發生在我的身體動起來的時候。
不僅是因為一個大事件，
而是我的身體一點點地移動，創造出新方向。
如果我們能舉起自己的心，放到自己想要的地方，
這世上哪還有我們辦不到的事呢？

我想告訴所有正在和自己鬥爭的人，
這句話。

「這世上最沉重又最不聽話的就是自己，
如果你能舉起自己，就能舉起整個宇宙。」

 YouTube大學入學典禮講座現場直播

因為無限壓力和大大小小的失敗而疲
憊的你，美敬姐姐的熱情安慰！

撐過時間的方法

「您遇到困難的時候會怎麼做？」

在講座上，十個人中會有九個人問我這個問題。
我每次都會這樣回答，
我相信時間的力量。

當人生中發生無法承受的事時，
當我因為不幸的事而身心痛苦時，
雖說努力解決那件事的一定是我自己，
但我身邊有強大的援軍，
那就是時間。

再不幸的事，隨著時間的流逝，
也會像洩氣的氣球般發生微妙的變化。
當時我因為又生氣又委屈，甚至哽咽了，
隨著時間的過去，
我與對方都稍微平靜下來。

即使事情本身沒有變，
但面對那件事的我的心態，
一定不同於最初。

如果我突然遇見不幸的事，
我會這麼做。
我會全神貫注在
好好地進食，好好地觀望，好好地審視，好好地呼吸。

你們知道接下來會發生什麼事嗎？
我的不幸，會與白晝黑夜的氣息融合，
與我周遭的空氣和人融合，
每天以全新面貌重生。
一個月過去，一年過去，
我的不幸，應該會徹底地改頭換面吧。

不管遇到多大的不幸，
只要好好呼吸，
只要活著，
時間自然會替我們解決不幸。

我以為再也無法站起來，
可是因為我好好地吃飯，好好地呼吸，
好的人聯絡了我，給我下一份工作。

我以為不會再戀愛了，

但我好好地睡，好好地休息，

我遇見了愛我原本面貌的人。

這一切都是因為我相信時間的力量。

太累、太不幸的時候，我們會這樣說，

「喘不過氣。」

「好像要窒息了。」

這些話跟「我撐不過這段時間」的意思是一樣的。

讓時間過去看似容易，

實際上是最困難的。

所以即使經歷不幸，

也請讚美過去一個月仍按時吃飯的自己，

請獻上掌聲給經歷天崩地裂的悲傷，

過去三個月仍好好呼吸的自己。

呼吸的時間就是堅持的時間，

請替好好堅持過今天一天的你，

掌聲鼓勵。

▶ **姐姐的暖心毒舌 #39**

克服不幸的最佳方法是？

這句話
救了我的日常

名為「一天」的小小圖畫
聚合成我的人生

我的好朋友偶爾會問我，
怎麼度過一天，
從早到晚做了什麼。

首先，我六點前起床。
在簡單刷牙洗臉後會去屋頂庭園澆花，
接著下樓讀英文，
有講座時去講課，
沒課時織衣服。
到了晚上我就會回家，
和孩子聊天，做飯。

回顧我的一天，我領悟到兩件事，
一是，
「我所希望的事物」都在一天中發生了，
平靜心靈的活動，
我最喜歡的休閒嗜好，
學習，為不確定的未來作準備，
賺錢養家，

與家庭時光。

在過去的三十年裡，我每天都是這樣度過。

另一是，

「度過我的一天的姿態」和，

「對待我的一生的姿態」是一樣的。

一天看似沒什麼大不了，對吧？

事實並非如此。

今天一天的擴大會成為我的人生。

我的一生需要的東西，

都得放入我的一天裡。

如果我需要或希望某些事，

我會練習把它們排入一天行程中，

簡單來說，

如果我需要資金，

我會多安排幾堂課；

如果我需要休閒時間，我會增加興趣喜好；

如果我想增進健康，我可以增加運動時間。

先把自己想做的事放入一天二十四小時中，

我真的想要這個嗎？

這適合我的夢想嗎？

先試看看它是否能達到預期效果。

像這樣練習一天之內，

做自己想做的事，

把自己想要的東西會自然地填滿一天，

如此累積起來的每一天，

最終應該會成為自己所期望的人生吧。

很多人忽視一天，

今天一天過得馬虎，

卻煩惱遙遠的未來，

其實，名為人生的遠大宏圖，
是一個個的今天累積形成的。

一天並不渺小，
我活到現在，一天幾近無限大，
我所期望的成功，我所期許的未來，
那個出發點就是今天一天。
一天不是二十四小時，而是我人生的縮影。

如果你有想安排到人生中的未來，
請把它加入今天這一天吧。
當你用自己想要的東西，
填滿每一天，
你人生的宏圖，
就能變成你想要的樣子。

金美敬的我說#144

填滿今天一天的方法。

真正相信我的

充滿自信的人與
缺乏自信的人，
有何差異？

差不多。
如果你已經做過那件事，
知道自己做得到，
就會充滿自信。
如果你還沒做過那件事，
不知道自己做不做得到，
就會缺乏自信。
自信不是能力差異，
而是經驗差異。

我們似乎並不了解自己，
當大腦的知識進入我們的身體時，
我們不知道要怎麼反應，
怎麼行動。

那麼我們能做的只有一件事，

承認只有大腦知道等於不知道，
必須要身體親自動起來，作判斷。

當你親自動手做，
就算一開始有點生疏和不足之處，
和辦到那件事的自己變得熟悉時，
漸漸地就會發現自己做得越來越好。

面對做到那件事的自己，和做得很好的自己，
「原來我辦得到。」
「原來我做得很不錯。」
就會逐漸增加自信。

自信不是一口咬定自己能辦得到的情緒，
自信是我能辦到的事實。

你能做到的事越多，
就會越有自信，
如果你想成為充滿自信的人，
就試著做不同的事，
只要累積事實，
知道自己能做到什麼，
自己做不到什麼就行了。

我們體內潛藏著，

無數尚未發現的可能性和潛力。

只有勤快地移動我們的身體去了解它，

才能創造充滿自信的我，

相信自己，過上真正的人生。

 姐姐的暖心毒舌 #115

想克服挫折，創造真正自信，我們最需要的東西。

最穩當的理財法

人有不同的存錢期，
有時候錢會停留一陣子又流走。

在剛進入職場的時候，錢沒有時間停留。
首先，進帳太少，
結婚育兒期，
錢會短暫地進入皮夾，
說聲「您好」就消失了。
但到了五十歲後，
錢停留在我身邊的時間逐漸變長，
當然還是有例外情形，
但錢的流向大致如此。

我也曾那樣。
當我四十多歲時進行了很多講座，
身邊的人都勸我理財。
可能是因為我到處露臉，
他們以為我荷包很滿。
但那是不可能的。
我才剛買房子不久，

手邊沒閒錢投資。

當時我聽見「理財」時，
我心想，
「理財是有錢才做的事吧？」
「我還不到理財的時候。」
然後我繼續工作。
認真講課，
用我賺來的錢解決生計、育兒，
那是段錢與我擦身而過的時光。

但我現在思考後了解了。
那就是理財。
努力做自己的事，
就是當時最適合我的理財方式。
不是只有去銀行接受理財諮詢，
投資金錢才是理財，
我為了讓自己成為自己的資產，
努力地「理自己」。

我二十多歲結婚，育兒，努力學習，
想成為還不錯的媽媽。
當時的體會化為了各式各樣的資訊，
成為日後我精采的講座題材。

如果當年我沒投資自己在結婚育兒上，
應該無法產生眾多媽媽深有同感的講座內容。

在我剛開始講課的前幾年，邀約不多。
很多時候一個月裡只有一、兩次講座。
但我每天都在學習，買書閱讀，
構思講座內容，
當時的腳踏實地，
讓我默默地撐過了小小的不幸，
也成為了我守護講師信念與身分認同感的力量。
如果當時我熬不下去，轉行，
就沒有現在的講師金美敬了。

我們以為沒有錢就理不了財。
但是有沒錢也能進行的理財。
那就是提高我的價值。
所以我們不需要感到傷心，或羨慕有錢人。
現在還不遲，為了培養「我」這份資產，
努力投資學習，
是最穩當的理財方式。

▶ 夢想財富 #4

即使沒有存款也能進行的理財三步驟。

想改變人生方向的時候

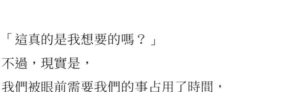

你們是不是有時會覺得，
我明明過得比誰都認真，
卻好像錯過了真正重要的事，
朝著錯誤的方向前進？

「這真的是我想要的嗎？」
不過，現實是，
我們被眼前需要我們的事占用了時間，
連想自問的時間都沒有。

過去我也被很多需要我的事奪走了時間，
為了講課和維持生計，我消耗了自己，
為了照顧三個小孩、婆家、娘家和家人，我消耗了自己，
因為開了公司，為了照顧員工，我消耗了自己，
我把時間和精力花在需要我的地方，
真該照顧自己的時候卻不得閒。

我就這樣過了三十年，
忽然想到：
「我不能這樣生活。」

「什麼時候開始，我覺得心裡很不踏實？」
甚至從某一刻開始，
我就站在講臺上時也懷疑：
「我說得對嗎？」

我們不是只有在怠惰生活的時候，
才會感到人生不充實。
即使認真生活，也會有這種感覺。

這不是該自責或慌張的事。
每個人都有錯過人生方向的時候，
這時候只要調整到自己想要的方向就行了。

我有三種調整人生方向的辦法。

首先如果錯過了人生方向，感覺不踏實時，
不要錯過那種感覺，牢牢地抓住它。

很多人在事情出錯時，
會失望、自責，
度過憂鬱的一天，然後就忘了。
甚至忘記自己有過這種感覺，
重新回到從前的日常。
然後，大概兩個月後重蹈覆轍。

當你們覺得有哪裡錯了的時候，

不要輕易放過，要牢牢地抓住那種感覺，

找出自己的解決對策。

我不錯過不踏實感的方式是，

和自己作新的約定。

我從小就很會利用約定。

最近為了填補我的不踏實感，

我決定認真看書。

我會開設「書劇」讀書室的目的也不是為了介紹書，

是因為我想看書。

可是如果我只跟自己約定，很有可能會爽約，

因為沒人知道我有沒有守約。

我最後的方法是，

把我的約定廣而宣之。

我都在YouTube上宣布每個禮拜看一本書了，

又怎能違背約定呢？

很多人都會看「書劇」影片，

我怎能隨便讀一本書，隨便介紹呢？

我像這樣子增加約定的重量，

為了努力地遵守約定。

我自然就會成長。

你是不是覺得最近朝著錯誤的方向走去？

你是不是覺得錯過了重要的事，心裡變得不踏實？

不要放走那種感覺，

請和自己訂下新約定，牢牢抓住它吧。

創造一個不得不守約的環境，

邊實踐和自己的約定，邊打磨自己吧。

在這麼做的時候，

你會感覺到扭曲的人生方向再次被調整了。

 YouTube大學贏家課程

有技巧地恪守與自己的約定。

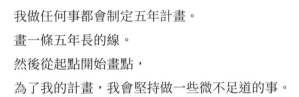

如果想克服低潮期

天底下沒有任何事能一蹴即成。
不花時間就很難上手。

我做任何事都會制定五年計畫。
畫一條五年長的線。
然後從起點開始畫點,
為了我的計畫,我會堅持做一些微不足道的事。

不過你們知道要怎麼畫這些點嗎?
我不只往前畫點,也會往後畫點。
有時候會一直繞著周遭。
我們把那種時候稱為低潮期。
很多人無法忍受低潮期而當場放棄。

但我們人生中畫出的點,
沒有一個點是無意義的。
我們稱為低潮期的點,正在同一個地方被重複點下,
線條會變粗,點占據的面積也會變大。

有時不規則,有時細,有時粗,

有時會變成歪掉的線，但最後它們都會成為箭頭，
成為指引人生方向的里程碑。

所以就算你們遇見低潮期或遭遇失敗都不要放棄，
至少要連續點五年的點。
請試著在日常中點一個小點，
創造出無數的線與面，
這是找到屬於自己方向的最快方法。

▶ YouTube大學贏家課程

想找到我人生的準確方
向？先累積點和線?!

▶「這句話救了我！」⏸

「為了讓線變粗，在同一個地方重複畫點，那叫低潮期。但
只要做著自己該做的事，你就會自然地往前走。點變成箭頭
需要五年的時間。請持續地學習五年吧，那麼你的成長將難
以言喻。」

我曾經歷嚴重的低潮期，好像努力做了事情，又好像什麼都沒
做，這讓我覺得很鬱悶。參加贏家課程的時候，我彆扭的樣子也
快逼瘋自己。更讓人心寒的是，我說話沒有連貫性，胡說八道。
美敬老師說那是正常的。為了讓線條變粗，在同一個地方重複畫
點的時間就叫低潮期。我只要完成該做的事，時候到了就會自然
往前走。她說點變成箭頭需要五年的時間，要我學習五年，那麼
我會獲得言語無法形容的成長。
那一天變成了從頭來過的一月一日，我要效法美敬老師，學著學
著，應該會有所成長吧。我現在也時常重看那一天的影片。

——ssukssam TV

不要管理時間，管理重要性吧

每個人都公平地擁有二十四小時，
但大家使用時間的方法都不同。
有的人在給予的時間內實現改變人生的成就，
有的人把時間浪費在無用的事情上。

兩者都忙碌地度過了今天一天。
但只有後者會說時間不夠。
理由很簡單，
因為沒能有效地評估事情的重要性。

我認為想要獲得許多人夢寐以求的東西，
那就得好好地安排時間。
今天上午十點前要完成這件事；
今天下午兩點前要完成這件事；
今天晚上六點前要完成這件事。
可以製作待辦清單（To-do List），
勤奮地畫底線。

**但當真的迎來了一天的盡頭，
卻還剩下一些重要的事沒完成。**

這是因為你把時間花在容易處理的小事上，
把真正重要的事挪到後頭。
這不是沒有管理好時間，
是沒有管理好事情的重要性。

我早上起床，
一定會花五分鐘思考今天必須做的事。
有些事雖然很麻煩也很懶得做，
但是我會在上班前先處理好。
這樣我才能專心處理剩下的工作。

如果有一定要做卻還沒做的要事，
請你安排在最有活力的時段，
優先處理那些事。
勇敢面對眼前的要事吧。

刪掉待辦清單的時間管理方法是
及時處理好被交辦的工作。
把精力投入到重要的事上，
才能獲得人生的成就。

 夢想財富 #20

改變我五年後模樣的
時間管理訣竅！

情緒解憂所

職場生活真的很困難。
因為工作疲憊，人際關係撞牆，
經常發生讓人生氣的事。

每當那種時候，
有人會用盡全身力氣，
刻意凸顯自己有多心累。
把因為工作不順利而難受的情緒。
帶到下一份工作，
或是在會議中擺出生氣的表情，
也常常會發生
把其他工作上受的委屈，
拿其他同事出氣的情況。

但是在職場生活中發脾氣，
雖然你當下會很痛快，
但最後一定會後悔。
尤其是在正式會議或小組會議忽然發脾氣後，
會迎來巨大的風暴。

如果你公開發脾氣，就應該公開道歉。

向對方發多大的脾氣，

就該道多深的歉，

不，要道多好幾倍的歉。

如此看來，似乎沒有比情感更龐大的債務了。

當時為什麼生氣，為什麼不安，為什麼忐忑，

為什麼露出想哭的表情，

你一定要向對方說明清楚才行。

相較發洩情緒的爽快，

事後為了解釋所花的力氣更大，

你得完完整整地償還債務。

我當然不是要大家不帶情緒地工作，

只是要學會控制情緒。

公司是明算帳的地方。

家人之間吵架發火，

用一句「對不起」就可以解決，

但在職場上發火，你會搞砸工作，也會搞砸人際關係。

搞不好還會毀掉合約，或是得換公司。

你得承受金錢無法計算的巨大損失。

所以，如果你控制不了湧上心頭的情緒，

請尋找公司外頭屬於自己的解憂所，發洩情緒吧。

在辦公室附近找一個屬於自己的空間，

每當怒火中燒的時候，

你可以去那裡大吼大叫，

你也可以每個週末找朋友聊天，傾吐情緒。

除了優秀的工作能力之外，

優秀的情緒管理能力也是上班族的必備能力。

▶ **夢想財富#14**

做什麼都很成功，又獲得認同的人的秘密。

最近常聽到的話

你有在職場或聚會上常聽見的話嗎？
有沒有一些模稜兩可，
讓你搞不清楚真正意思的話？

人們在指責他人的不足之處時，
絕對不會具體地說明，
大家都是拐彎抹角的高手。

對工作能力不足的人，
會委婉地說「不夠機智」；
對交流能力不足的人
會擺臉色給他看，說他「不懂察言觀色」。

各位有聽過「天生是做生意的料」這句話嗎？
乍聽之下是讚美，實際上這句話隱藏著，
「團隊精神不足」的具體反饋內容。

職場是許多人一起工作的地方，
如果某個人獨斷專行，堅持己見，
這是在職場外「做生意的料」。

大多數成功人士，
會從他人給予的真實回饋中獲得機會。
但在我們平凡的日常中，
所有的回饋都不會直線到來，
大家會繞圈子，用婉轉簡練的詞彙表達。

如果有人給了你直接的反饋，
很可能是在酒席上，
對方藉酒吐真言。
但結果一定很殘酷。
因為對方肯定只會說難聽話，破壞掉你們的關係。

沒人會給你真實的反饋，
所以你要自己細心傾聽，
聽出對方的言中之意。

當時的那句話該不會是這個意思吧？
是的，你的感覺大概是對的。
因為悲傷的預感從來不會錯。

▶ 夢想財富 #15

過好機智職場生活的
方法。

我的錢的真正位置

任何事都只有了解才能做得好。
但唯獨理財是，
我覺得唯一不用太懂卻能做得好的事。

我偶爾會去銀行諮商，
但不是理財。
「聽說最近那個標的很熱門。」
「聽說投資這裡一定可以賺兩三倍。」
經常有人被這類話術迷惑，
砸入大筆投資資金，資金化為烏有。
那是因為他們沒有好好學理財。

各位最近在YouTube上應該會看到我介紹理財，
或是邀請理財專家對談的影片。
我最近對理財很感興趣。
在理財的過程中，我產生了這種想法。
學習利率或匯率等的理論當然重要，
但理財的根本就是尊敬自己的錢。

雖然大家每天努力工作，辛苦賺錢，

但好像不怎麼關心自己賺來的錢。
如果你仔細觀察那些被話術騙的人，
他們大部分都對自己的錢不抱感情。

如果你愛護也尊重自己的錢的話，
就不會被他人的話迷惑，
做出豪擲千金的愚昧行為。
你會努力學習，考慮自己把錢投資在哪裡才好，
是不是該轉移資金到別的地方，
你會為了自己的錢該在的真正位置而煩惱。

金錢本身沒有價值與意義。
只有當有賺錢目的與方向的時候，
錢才會產生相應內容。
理財也一樣。
你被別人的話迷惑而投資的錢，
不過是毫無意義的貨幣。
只有投資中含有你自己的價值與方向時，
錢才會成為有意義的理財手段。

請愛護並尊敬自己的錢吧。

也請思考一下你賺這筆錢的原因，

還有只屬於你的目的與方向。

只要做好這兩件事，你就能成為理財專家。

▶ 夢想財富 #4

就算沒有儲蓄也能進行的理財三步驟。

我夢想的價目表

你想賺多少錢？
不，讓我換個問法，
你是怎麼衡量金錢的價值的？

當你開始賺錢，
一定要明白一件事。
無論任何事，當你站在起跑線時，
一定要從最低的地方開始制定自己的價目表。
年紀越大越難賺到錢，
是因為從中間開始制定自己的價目表。

不久之前，我一名退休的朋友開始舉辦講座。
他說常有遙遠的單位邀約演講，
但開出的講師費不如他意，
所以他每次都拒絕了。
我聽到這件事，脫口而出。

「你的定價錯了。」

那位朋友是大企業退休高層主管，

因為是大企業，所以年薪當然非常高。

他站在自己過去地位為自己定價，

所以當然會覺得講師費太少，

一點都不想去跑外地。

可是錢的價值不是這樣子定的。

因為現在能拿到的錢太少，

所以一併小看了那些錢裡蘊含的夢想價值的話，

絕不可能朝新的夢想前進。

如果你是第一次當講師，

那麼少得可憐的講師費就是你現在的價值。

只要接受這個落差，你才能迎接講師生涯的新開始。

過去的光榮埋藏在過去吧，

如果你想朝新夢想前進，

就得按自己現在的地位定出最低價，

你該看的不是眼前的數字，

而是要預測那筆錢十年後所蘊含的價值。

如果你小看錢，你的夢想也會跟著被小看。

哪怕是小錢，如果能看出它的價值，就能讓夢想價值成倍。

這是我對上了年紀，

追逐新夢想的人的嘮叨。

▶ 夢想金錢 #2

就算是小錢，如果看
不出那筆錢裡蘊含的
價值，絕對不會成功？

給在金錢面前變得渺小的你

人生在世，好像很多時候，
在金錢面前變得無比渺小。
因為錢畏縮，
因為錢想躲起來，
因為錢感到絕望的瞬間，
經常找上我。

當我剛開始工作的時候，
五十萬韓元對我來說是筆大錢，
為了那筆錢，我受盡委屈，
也做了一些令我窘迫的事。
儘管如此，
我還是非常需要那筆錢。

我剛當講師沒多久時，
五百萬韓元對我來說是個遙不可及的數目。
我很羨慕擁有五百萬韓元的人。
覺得沒有那筆錢的自己很寒酸。

遇到比我還要巨大的錢，
我在它的面前會變得畏縮，

但隨著時間過去，
我有了比錢巨大的瞬間。

現在五十萬韓元對我來說不再是大錢。
現在五百萬韓元對我來說，
是努力講課和寫書，
就能賺得到的數字。
現在我在五億韓元面前也不會畏縮。
賺了三十年錢的我，現在比那筆錢還要巨大。
我不再被金錢左右。

你現在因為金錢很疲憊嗎？
你因為比自己巨大的錢而難受、畏縮嗎？
請不要焦急。
錢不會自己長大，會停在現在這個樣子，
但我們無時無刻都在成長。
現在的你比錢小，這是沒辦法的事，
但再過一陣子，你一定會變得比錢巨大。
這是我花了一生所獲得的答案。

▶ 姐姐的暖心毒舌 #66

在金錢面前變得渺小
時要做的一件事。

▶「這句話救了我！」❚❚

「學習是為將來作準備。當覺得自己沒錢而傷心流淚的時候，請學習吧。避免活在悲慘今天的辦法，就是讓自己活在未來。今天看似很沒出息，但一年後回過頭看，現在在學習的自己就是活在了未來。請對自己有勇氣吧，只有挑戰才能產生勇氣去認識自己。」

從前的我經常不安，想法也很消極。現在的我積極學習，不會流於空想，不管什麼都會去挑戰，一點一點地改變人生。現在的我很幸福，我身處的環境跟兩個月前差不多。我現在的幸福就是看著自己為未來學習，還有無論成功或失敗，都有挑戰自己的勇氣。

——李宥善

閱讀實力

「你的夢想是什麼？」
「你想做什麼？」
如果你無法立刻回答這些問題，
請閱讀吧。

你想破頭也不知道自己想做什麼，
意思是你腦中沒有思考的材料。
這時候要先填滿頭腦，
書是最能充實思想的東西。

當你開始讀書的時候，會一一找到提示的。
你的思想會開始運作。
在腦海浮現的思考材料，
進行多元化組合與解體的過程中，
你會找到想要的答案。
如果你想學東西卻沒有時間和金錢？
那麼請閱讀吧。

當你閱讀的時候，你會遇見很多提示，
大多會讓你遇見新的自我。

遇見在別人的痛苦中一起流淚的你，
遇見和別人產生共鳴的你，
陷入某人的領悟之中，
你會思考起平時從沒想過的事，
讀成功進行新挑戰的人的故事，
也會讓你夢想起專屬於你的新挑戰。

閱讀就是遇見自己。
在日常中絕對無法遇見的，
想像力豐富的自己，喜愛冒險的自己，
你會在閱讀的時候遇到許多人，
每一次的相遇豐富了你的日常，
有時也會成為新挑戰的開端。

你最近覺得孤單或自尊下滑了嗎？
那麼請閱讀吧。

不知道做什麼才能活得好的時候，
想安慰自己卻不知道怎麼安慰的時候，
閱讀能解決很多問題。

「這些書能幫我？」
就算你有這種想法也不要提問，
請一定要閱讀。

讀書就是讀自己。

成長是不會停止的。

所以不管你是個努力生活卻停滯不前的人，

還是個想重新開始的人，

閱讀會發現人生的轉折點。

有時候書會成為拯救你的貴人。

 金美敬的書劇

閱讀時一定要知道的
兩個秘訣！

連結的力量

你夢想過著和現在不一樣的人生嗎？
那麼把和你的日常遠離的地方「連結」起來吧。
得把有過不同想法與不同經驗的人和你相連，
你才能過不同層次的人生。

我還是鋼琴補習班老師的時候，
當我教學一天下來，
心底會湧上一陣空虛。
我想像別人一樣讀好書，
我想和不同領域的人交流，
可是我身邊沒有能一起做這些事的人，
我每天遇見的學生、學生家長和左鄰右舍，
他們每天只聊一樣的話題。

在機緣巧合下，
我知道了「成功人士的七種習慣」研討會，
雖然講座費很貴，但我努力存錢去聽講，
講得誇張一點的話，

那次研討會讓我的心情像打開了一扇新的大門，
我和比我高五個等級的高手對面而坐，
互相交流想法與意見，
我不知不覺間使用了平常不常用的高級詞彙，
大家各自分享讀過的書的內容，
我第一次知道自己具備邏輯分析能力，
與轉述能力。

然後我醒悟了。
如果我想把內在隱藏的才能展露於外，
我就得和擁有同樣才能的人連結才行，
原來和那種人的相遇是，
展現我擁有的才華的管道。
原來我以後和什麼樣的人連結，
會左右我的內在才能能不能外顯。

閱讀不過是學習的一半，
只有到現場向人學習，
才能填滿剩下的另一半。
只有通過人才能學到
書中學不到的活生生內容。

如果你想過不同於現在的人生，

請不要懶得結交新朋友，

在這種連結中，隱藏著新的開始與成功。

▶ 人際關係對話法#9

我們得不斷與人見面
「連結」的理由是？

思想眺望權

不是只有大樓才有眺望權。
人的想法也有眺望權。
不被他人的標準左右。
如果你想讓自己的人生看得更高、更遠，
你就要提升思想眺望權。

尤其是母親的思想眺望權很重要。
我時常看見母親把子女的人生，
作為自己的選擇。

在我的兒子選擇退學的時候，
我很慶幸自己當時，
熱中於學習物理學、量子力學和周易等，
我不是由一個母親的視角，
而是由宇宙的視角看待兒子的退學。

「才十六歲就清楚自己想做什麼，
現在的退學是為了將來的成就。」
我就像看待別人家的兒子自動退學一樣，
從客觀角度看待兒子的事。

相反地，我先生非常害怕。

因為他用現有的社會標準看待兒子的自動退學，

所以只能認為那是天大的不幸。

所以我們得不斷地閱讀學習，

閱讀就是練習從他人的視角，

去看世界。

讀的書越廣，

越能用不同的觀點解釋世上萬象。

只有練習藉別人的想法、視線和哲學，

獲得領悟，

才能從更高的地方，

客觀地看待與理解自己的問題。

這就是提升思想眺望權的方法。

你知道思想眺望權低的人有什麼特徵嗎？

他們無法解決現實問題。

「我活得這麼善良，為什麼會得重病？」

「我一時被壞朋友迷惑，迷失了方向。」

他們連擺在眼前的現實都解釋得很離譜，

只有自己想法與觀點的人，

無法接受脫離自己認知範圍的問題。

還有，他們會把身旁的人拉到自己所處的地底，
就像水鬼一樣。
「媽媽我是怎麼對你的，你竟敢背叛我？」
把負罪感施加在
為追逐自己夢想而選擇退學的兒子，
讓他最終放棄夢想。
母親的思想眺望權把兒子的人生一起拉到了地底。

媽媽的學習要包含了思想眺望權。
如果想當一個好大人、好媽媽，
就不能怠於學習。
是把孩子的思想眺望權提高到十五樓，
還是把孩子的思想眺望權拉低到地下五樓，
這個差距就是父母的真正實力。

▶ YouTube大學贏家課程

不被別人的標準左右，
讓我的人生看得更高、
更遠的方法。

▶「這句話救了我！」Ⅱ

「智慧的力量不足的話就會放大解釋自己的不幸。想要活得不悲慘的方法就是活在未來，所以請學習吧。一切的訊息解讀，因人而異。折斷的樹枝必然會指向不同方向，打開另一扇門看看別的地方，就會產生不同層次的眺望權。看待人生的眺望權變得不同，就會用不同的方法解讀人生，改變待人接物的方法，尤其是對待自己的方法變得不同，會作出對自己好的選擇。眺望權變得不一樣，就能有自信地替心愛的孩子作出好的選擇。」

我遇到問題的時候，就會從自己身上找原因，而不是找別人的問題，所以壓力和不滿都減少了。我愛自己，也提高了自尊，而且我用有別於過去的角度，更加積極地，更加熱情地去看待我正在做的事。最後，我想要一輩子學習。真的非常感謝您，我很期待自己未來成長的模樣。

——朴詩妍

情緒食物鏈

大家這輩子對別人發脾氣的次數，
應該數都數不清。

當你被職場上司討厭，導致升遷失敗的時候，
當別人因為你沒做過的事罵你、嘲笑你的時候，
當你肚子裡生下的孩子卻不順你意的時候，
不生氣才奇怪。
但是生氣不代表怒氣就能消失。

你跟周遭的人分享快樂的時候，他們會一起變得幸福。
你和他們分享悲傷的時候，會有大半悲傷消散在空氣中。
可是如果你朝外發洩怒氣的時候，
一定會傷到某人的心。
怒氣不會消失，會堆積在某人的心中，讓他生病。

俗話說：「在東大門挨耳光，到漢江出氣」，
人們不會對惹怒自己的人生氣，
因為那個人力氣比自己大，
反而會把怒氣發洩在比自己弱的人身上，
丈夫向太太，媽媽向子女，哥哥向弟弟，

就這樣沿著人際關係的食物鏈，
對比自己弱的人發火，
就像傳遞炸彈一樣，把情緒殘渣傳給別人。

那麼情緒食物鏈最低層的孩子會怎樣呢？
他們沒有可以傳遞的對象，
所以會自己擁抱著殘渣生活。
把父母莫名其妙的怒火發洩在自己身上，
就這樣一直虐待自己的孩子最終會得心病，
像是憂鬱症、注意力不足過動症（ADHD）和憤怒調節
障礙等等。

發洩的怒氣不會消失，
只是被轉移而已。
你的怒氣現在在哪呢？

▶ 姐姐的暖心毒舌 #99

發脾氣之前先想想。

請培養「決定肌肉」

我研究了五百名百萬富翁，
包括安德魯・卡內基（Andrew Carnegie）和亨利・福特。
他們有一個共同點，
就是決斷力。

他們會充滿自信，迅速地作出決定，
然後慢慢地改變那個決定。
先開始，再慢慢完善它，
朝完美前進。

我認為決斷力和「先試試看」是同義詞，
該說近似盲目嗎？
不先考慮開始的理由或失敗的機率，
而是先開始再說。
盲目地衝上去。

我就是這樣。

我覺得不錯的事，

就會先開始再說。

就算身旁的人勸我三思而後行，

我也絕對不會改變我的心意。

因為我認為先開始，再完善，

才能完成。

而不是完美準備後再開始。

先做吧，先做再說。

這叫「決定肌肉」，

就像堅持運動，身體會練成肌肉一樣。

如果你能練習快速下決定，

也會產生決定肌肉。

從思考、煩惱到判斷，所有的決定過程，

會逐漸加速。

先開始再努力反覆無數次的修正過程，

讓最初的決定變得完美。

百萬富翁之所以能作出最佳決定，

不是因為他們的決定一開始就很優秀，

是因為他們先開始，再通過不斷地修改與完善，

才導出了最佳結果。

請你每天通過小小的練習，
鍛鍊決定肌肉吧。
雖然一作出決定，就會朝結果前進。
可是如果你什麼都不做的話，只會被時間拖著走。

▶ 金美敬的書劇#2-8

三種通過快速決定，
實現與眾不同的財富
和成功的方法。

培養專注力的方法

專注力是天生的嗎？
還是練習就能提高的呢？
我的經驗告訴我，專注力是後天養成的。

我一有空就看TED演講。
過去我的重點放在獲取資訊時，我會注意每個演講的字幕。
最近我邊學英文邊重看演講，
如果看到不錯的演講，我就會重複看到我能聽得出英文在說什
麼為止。

因為我不停地重看影片，
所以之前聽不清楚的英文單詞一下子就聽見了。
然後我開始聽寫演講內容。
重複聽寫約十五次的話，
多少能填滿空白的地方。
我有空時會跟著講者的速度，跟讀六次左右，
然後我有了說英文的自信。

我自己體驗過的，提高專注力的最好方法就是，
做自己喜歡的事，練習專注。

因為我用平時喜歡看的TED演講練英文，
所以比用教材學習有趣，而且更能持久。
如果你覺得自己專注力不足，
就反省一下過去是不是用不喜歡的事練習專注。

人只有累積好的經驗，才會產生自信。
如果在不知不覺中因為不喜歡的事累積了不好的經驗，
會誤以為自己是專注力差勁的人而放棄。
當你對自己的信任下滑，會連喜歡的事都做不到。

所以如果你想培養專注力，
就用自己喜歡的事練習吧。
不要在不喜歡的事上受苦，
你的專注力會比現在好得多。

 YouTube大學贏家課程

無論何時何地都能無比
專注的，培養專注力的
三種方法。

原子習慣的力量

懶惰是人的天性嗎？
就算我們下定決心早起，
身體還是無法動彈，想賴床。
得快點處理事情，
我們的身體卻老是耍賴，不想做事。

這是因為身體總是和心唱反調，
所以我們會遇到挫折是很正常的。
我們會不斷地對遲到的自己感到挫折，
對趕不上最後期限的我感到失望。

只有這些嗎？
雖然我們每天都下定決心減肥，
但體重沒減少過。
雖然我們每個月都想存錢，
但存摺總是見底。
理由很簡單。
因為我們日復一日重複著同樣的行為。

因為每天晚起十分鐘，所以才遲到；

因為上班時間跟朋友傳訊息，所以才錯過最後截止期限；

因為每晚都吃消夜，所以瘦不下來；

因為沒有存款帳戶，所以才存不到錢。

不管是什麼行為，只要我們反覆地做，那就會成為我們的樣子。

偷懶的我、肥胖的我、貧窮的我，

不是別人，是我的小習慣造成的結果。

我們要怎麼打破這個惡性循環？

養成每天的良好習慣就行了。

就算你設十個以上的鬧鐘也一定要準時起床；

上班時間關掉個人聊天軟體；

吃完晚餐絕對不進食。

開一個存款帳戶，自動轉帳，強迫存錢。

你想成為什麼模樣，

就按那個方向改變所有的習慣。

改變習慣當然不容易，

需要強大的意志力與努力。

美國有名的習慣專家詹姆斯・克利爾（James Clear），

在高中的時候因為意外，臉部骨頭碎成三十塊，

足足經歷了三次的心臟驟停。

每個人都認為他再也當不了棒球選手，

但短短六個月內，他重返棒球場，

六年後，他被選為大學最佳棒球選手。

他的秘訣是每天改變百分之一的習慣。
他第一個挑戰的習慣是早起整理寢具。
他說看見整齊的床，
覺得自己的人生也跟著整齊。
等到他整理寢具的習慣培養到一定程度後，
他又追加另一個小習慣。
等到新的小習慣熟悉後，他又追加其他習慣，
他用好習慣改變了自己的日常，
結果，他越來越有自信。

他稱之為「小成功」（Small wins），
通過挑戰小事成功的自信，
進階挑戰更難的事，
最終，他實現了自己所期望的成功。
小習慣的結果就是如此驚人。

所有成功的一半都來自習慣。
不是突然地投入，
而是累積日常小習慣，
讓它們引導你走向成功的方向。
不需要做大事。
只要你養好食衣住行的良好習慣，也足以均衡生活。

如果你能穩定食衣住行的日常，那麼即使遇到危機，你也能馬
上站起，
當日常崩潰時，無論你遇到多好的機會，
你也沒有抓住它的力量。

我很認同詹姆斯‧克利爾說的：
「習慣會釋放你的潛力。」

你的內在潛力只有通過習慣的通道，
才能釋放到體外。
如果你不養成好的習慣，
你的內在潛力將永遠留在體內。

如果你想成為比現在更好的我，
如果你想更接近自己追求的夢想，
請養成屬於自己的好習慣吧。
就算是百分之一的小習慣，只要每天重複地做，
那個習慣會帶來你所期望的自己。

 金美敬的書劇#1-12

把壞習慣變成好習慣
的書！

▶「這句話救了我！」❚❚

「習慣得度過百分之八十的潛力潛伏期，才會開花結果。」
「習慣不是目標，而是系統。習慣會帶來一時變化，但系統
會不斷地改進，帶來整體變化。」

我一直覺得自己在白忙，很鬱悶，而「得度過百分之八十的潛力
潛伏期，習慣才能開花結果」這句話，好像讓我聽見「叮～」的
一聲。從這之後，我決定不再焦急，有了安撫焦急的力量。百分
之八十的潛力潛伏期，意味著走在我前面的人已經度過了那段時
間。
讓第二次的「叮～」聲響起的那句話是「習慣不是目標，而是系
統。習慣會帶來一時變化，但系統會不斷地改進，帶來整體變
化」。所以我運動的時候會配合自己的步調和力氣。聽來可笑，
我只是希望能套進上衣就好，但我很高興，原本只能穿運動褲的
我，現在穿得下排扣長褲了。

──金莎幸

無知積累期

所謂的成功人士的人生
認真學習到彷彿自己愚昧無知，
他們為了讓自己在自己的領域中變得出色，
投入了一定的時間。

我稱之為「無知積累期」，
積累指反覆累積的現象。
所以無知積累就是指，
反覆累積投入的時間多到彷彿自己很愚昧，
進而創造出顯著的變化。
根據累積到一定的量就會產生質的變化的理論，
你為了自己的夢想，彷彿自己很無知般地累積努力，
就是累積量的時間。

大家都知道我是「阿米」₄吧？
防彈少年團似乎已經
達到了「無知積累期」的境界。

防彈少年團在練習生時期，
還有出道後的每天都練十六小時以上的舞，
除了吃飯、睡覺和移動之外，
一整天都在練舞。
不是一天，是數年來的每一天。
他們讓人不自覺地發出感嘆的「刀群舞」，
來自原始的勞動和無知積累期。

如果你想在自己希望的領域擁有專業性，
就需要累積基礎實力的無知積累期。
這需要很長的時間，
就算很努力，
實力也可能看不出進展。
所以很多人總是休息一下，積累一下。
充分地玩耍、休息，再把剩下的時間用在夢想上。
但這樣子是積累不到東西的，
只會像細雨一樣蒸發於空氣中。

人要經過無知積累期才能升級。
報昂貴的英文補習班的隔天就能說一口流利英文嗎？不能。
如果你沒有靠自己的身體去學習，投資積累的時間，

4.韓國男子團體防彈少年團粉絲名。

不管花再多錢，那些都不會成為你的。

你真的有迫切想要的東西嗎？

那麼請挑戰像無知般地學習與練習的無知積累期吧，

用身體練就的實力絕不會背叛你。

 夢想財富 #10

想過著不擔心錢的悠閒生活就得買這個？

▶「這句話救了我!」⏸

「無知積累期。」

每到年底,我都會後悔沒執行年初計畫,把它變成生活的一部分,但這次,我想讚美二〇一九年結婚,婚後熱情地生活著的我說:「你很努力。辛苦了,做得好!」二〇一九年,多虧了美敬姐姐,我開始相信自己的潛力,並擁有了更多的自信與熱情。我還獲得了想要過夢想人生,「就需要無知積累期」的提示。

我敢說二〇二〇年是「無知積累期的一年」。我為了實現當旅行內容創作者的夢想,努力地學習英文,開始了無知積累期,讓一年三百六十五天不再是平凡的日子,而是朝著夢想前進的時間。我妥善地使用了時間。為了提高自我價值和製作我自己的殺手級內容,我每天付出百分之一的努力,一步步地走向夢想之路。

——book and life

在日常中尋找幸福的秘訣

每天都重複的事，
就是日常。
就算是所有人都羨慕的幸福模樣，
也可能對那個人來說只是平凡的日常。
就算地位再高、再富有，
對那個人來說也可能是
痛苦，或憂鬱，或疲憊的日常。
財富多寡和日常的幸福是
兩種不同的領域。

**想在日常中感受到幸福需要一種能力，
那就是珍惜你的日常。**

我最喜歡的日常空間是書房，
除了講課或拍攝之外，我大部分時間都在書房度過。
在書房裡閱讀，把書房裝飾得漂亮，就是我的日常。

當工作不順的時候，我會買漂亮的馬克杯，

放到桌上喝咖啡，那一個禮拜都會覺得很幸福。
當生活覺得空虛時，我會整理書桌，
把自己想看的書擺成一排，我就會覺得很滿足。
當公司問題讓我頭痛的時候，我會買可愛的貼紙，
貼在日記本各處，就會覺得愉快。

我的日常沒有無聊或不幸的時間，
因為我只要把書房裝飾得漂漂亮亮就會變得幸福。

你知道你在日常中找不到幸福的理由的原因嗎？
十之八九是因為懶惰。

因為懶得洗碗，就用便利商店的食物打發一餐；
因為洗堆積的髒衣服煩，隨便抖一下，穿穿過的衣服；
因為懶得整理堆積起來的衣服，就窩在床的一角睡覺；
大概沒有人會覺得這種日常很幸福吧。

當你討厭你的日常時，日常就會變得不舒服。
如果日常變得不舒服，幸福就會逃之夭夭，
只有和自己的日常舒服地相處，你才能靠近幸福。

請不要羨慕別人的幸福，

擦亮你看似平凡的日常。

你有多珍惜你的日常，

日常就會替你帶來多少幸福。

▶ 姐姐的暖心毒舌 #130

在日常中創造幸福的人
所擁有的特別能力。

PART

3

這句話
救了我的珍貴關係

如果想要良好的第一印象

不久前我在一本書上讀到，
根據某位腦科學家的研究結果顯示，
決定第一印象的要素依序是：
外貌、聲音和用詞。

但我在見過很多人之後，
我發現比起外貌，態度發揮的作用更重要。
從經驗上看，外貌或聲音和第一印象無關，
只要好好地打招呼，所有的第一次見面都是溫馨的。

「您好」，
用開朗的聲音打招呼，傾聽對方說話，
就能給人自在舒服的第一印象。
好的第一印象取決於最基本的東西。

打招呼很簡單嗎？並不簡單。
其實我們不怎麼清楚打招呼的方式，
大家應該都有等著和對方對上眼，等到錯過時機；
還有不知道對方是誰，只是點點頭，
結果卻很狼狽的經驗吧。

那時候大家應該都搞砸了第一印象。

真正的好好問候是，

用全身向對方傳遞，

「我對你是徹底開放的」，

而不是簡單幾句話而已。

大家遇到貴客會怎樣呢？

會停下手邊的事，跑出去鞠躬問候，

不會只露個臉點點頭。

我們身體的角度會隨著內心的角度而不同。

如此看來，問候能顯示許多東西，

你是開放的人，還是封閉的人；

你是活潑開朗的人，還是憂鬱陰沉的人；

你是溫柔柔軟的人，還是冷漠僵硬的人；

你是有禮還是無禮之人。

只要沉穩、自在、溫柔地

打招呼，

對方會認為你是個「開放的人」；

是個不錯的人。

只要好好地打招呼，

你就能順利地開始一段關係。

人際關係對話法#10

在人際關係中百分百
通用，讓人留下良好
第一印象的方法！

▶「這句話救了我!」⏸

「言語描繪出的身體姿態很重要。」

美敬老師說人與人溝通的時候,自我介紹會留下第一印象與感覺。能言善道固然重要,不過說話時的肢體動作也是左右印象的重要因素。很多人以為只有嘴巴說出去的話重要,但並非如此,一個人的真誠態度也包括在手勢中。美敬老師要我們經常練習安靜,練習真心的愛與道歉,真的很打動我的心。

——李智賢

請提高心靈的位置

有一天我做了辣炒年糕，
老公吃一口後說：
「老婆，太辣了。」
我回答：
「吃吧。」
可是兒子不一樣，他說：
「媽媽好辣。」
「你喊辣，是想要我怎樣？」

為什麼會出現這種差異？
因為我的心靈位置不一樣。

如果你站在高處就會俯視對方，
如果你認為對方是需要照顧的弱者，
你就不會因為那個人說的話和行動受傷。
但如果你的心擺在比對方更低的地方，
隨口說的一句話也能傷害到你。
因為你在那個人之下，等待他的讚美。

我努力做出來的料理，如果因為不好吃就不吃，

我會傷心難過一整天。

「為什麼說不好吃？我到底做錯什麼了？」

會自找煩惱，折磨自己。

兒子沒有錯，

是我的心靈位置太低了才這樣。

如果他不稱讚我，我就會很鬱悶，

會從原本的高度蹲坐下來。

兒子沒有傷害我，

是我把自己送到了會被傷害的地方。

如果你因為別人的話和行動很傷心，

你得看看自己是不是處於容易受傷的位置。

然後要努力提高自己心靈的位置。

哪怕只把心靈位置提高一公分，

也能預防「自我傷害」。

金美敬的我說#119

如果我被其他人傷害。

難以理解某人時

你應該有過無法理解身旁的某個人，
很討厭他，覺得疲憊的經驗。
人生中至少會遇到一次這種情形。
如果你無法理解的那個人是家人或是親近的人，
內心會更痛苦。

我的人生中也有那樣的人，
那就是我爸爸。
我小時候無法理解爸爸，
他做的每一項生意都完蛋了，
因為爸爸經濟能力不足，
我們一家人度過了非常艱困的時光。

爸爸最後做的事業是養豬場，
那是他年過六十開始的事業。
某一天，我去養豬場看爸爸，
在那裡看到了驚人場面，
豬棚旁邊的水坑堆滿了死豬屍體。
不知道從哪裡傳來咚咚咚的聲音，
我循聲找去，卻看見爸爸在小房間裡捶牆哭泣，

「我一輩子都這麼沒用」，
爸爸一邊低聲地說著一邊流淚，
我也跟著哭了一陣子。

那一刻我心想，
「爸爸也很希望過成功的一生吧？」
也許在家人中，
爸爸才是最辛苦的那個人。
回顧過去，爸爸只是經濟能力不好，
他疼愛我們，
對家庭也很忠誠，
但我們家人只要一有事，
一定會怪罪爸爸、埋怨他。
爸爸這輩子好像都沒有人站在他那邊。
我年過四十，
才真正地理解了爸爸。

我是怎麼辦到的？
因為我長得比爸爸巨大了，
小時候我的心太小，不足以包容爸爸。
但隨著歲月流逝，
我的心已經大到可以包容他，
我認可也接受了爸爸的人生。

你是否因為無法理解一個人而傷心？
那就抽空培養心的大小吧，
直到你能包容對方的過錯。

當你長大到能包容某人時，
你也就能理解過去怨恨的人。

 姐姐的暖心毒舌 #86

無法理解某人，感到
疲憊時。

拯救母女關係的爽快對話

最近媽媽每天都打來，
不過很多時候我不方便馬上接。
因為只要一接起來，
我就得拿著手機一小時。
我在不知不覺中養成習慣，
只有在沒有工作的時候，才會按下接聽鍵。
但最近我發現，我不忙的時候，
也會猶豫要不要接媽媽的電話。

我和媽媽的通話與其說是對話，
更接近我聽她訴苦。

好話聽多也會膩，
我不停地聽媽媽說辛苦的往事，
變得疲憊了。

電話聲響，手機顯示媽媽的名字時，
老實說，我在〇・一秒之間非常猶豫
到底該不該按下接聽鍵，
當然大多時候還是媽媽勝利了。

但不是只有我是這樣，
我在講座上遇到的三十到四十多歲女性，
也和我一樣，
經常說跟媽媽講電話很累。

所以我想代表女兒們，
告訴媽媽們跟兒女更親近的，
三種通話方式。

第一，十分鐘內說完重點。
其實問候和說要事，十分鐘很夠了。
通話時間變長是因為對話變成了訴苦。

從兒女的立場來看，
媽媽一旦上演老戲碼，

就很難中途喊卡。

雖然兒女已經聽過無數次。

媽媽到底多介意當時那件事，

但說到現在還在說，

兒女真的是靠著一片孝心聽下去的。

媽媽好像不太清楚這件事，

如果我要媽媽不要說下去，

媽媽會說：「這種事我也只能跟你說，還能跟誰說？」

媽媽這麼一說，我也沒轍了。

但我爸爸非常了解，

有一次他在媽媽身旁說：

「老婆，十分鐘內掛斷，這樣美敬下次才會接電話。」

答對了。

第二，不要說家人的壞話。

就算你沒有惡意，

但如果一直說，

自己因為家人感到委屈、難過，

兒女會因為消極的氣息而疲憊。

就算兒女想努力地多聽幾次，

從某個時候起，他們會自動關上耳朵。

如果這種氣息持續下去的話，

說不定他們對媽媽的叮嚀，也會關上耳朵的。

如果你們不希望跟女兒斷了對話，

就不要再談負面話題了。

第三，請每次都講新鮮事吧。

你已經說了十次左右的事，不用再提也可以的。

請說能讓女兒回答

「你說什麼？再說一次」的故事，

而不是讓她習慣性地回答「喔，喔」的故事，

不要講過去的事，講現在的事吧。

如果想要有新鮮事可說，你就得去新的地方，遇見新的人。

只有那樣才能擺脫過去，說現在的事。

恢復媽媽與女兒關係的爽快對話法，

請從今天起馬上開始吧。

▶ 人際關係對話法#11

想維持長久的關係，
打電話時一定要知道
這個！

你是感同身受派還是潑冷水派？

對話多，
不代表就能變熟。
有些對話反而會斬斷關係。

當我剛開始運動的時候，
有陣子很沉迷於練肌肉，
有一天，我讓朋友看我的肌肉，
興奮地告訴朋友我做了哪些運動，
產生了哪些變化。

可是大家知道朋友給了什麼反應嗎？
朋友說起她認識的人中有運動副作用，
像是有人練肌肉練到手臂變粗了，

或是放棄運動後變得更胖。

「啊，原來這個朋友不喜歡我運動。」

「啊，原來這個朋友不支持我的成就。」

我不自覺產生了這種想法。

最後想法很快地走向了：

「原來她討厭我。」

「沒錯，她從十年前就討厭我。」

看著在對話中潑冷水的朋友，

我也反省起自己，

有沒有自以為是，以擔心為藉口，

往對方說的話潑冷水過。

引導對話的能力，

對對方的話感同身受的能力，

不會因為上了年紀而自動提升。

年紀越大，

反而容易以自以為是的心態，

「我活到了這把年紀」，

輕易地朝比我位階低的人潑冷水。

以後你們對話的時候不要只聽對方說話，

也反省自己會更好。

起碼要觀察對方的表情。

你是「感同身受派」還是「潑冷水派」？

請通過互相理解對方想法的「共鳴」對話，

建立溫暖的關係。

因為當你成為「潑冷水派」的瞬間，

沒人會想跟你說話。

 姐姐的暖心毒舌 #46

對話的時候，請別這
樣做。

招人反感的說話習慣

比起想聊天話題，
更難的是作出適當的反應。
因為聊天話題可以提前準備，
但反應是無意識時出現的。

人品會經由反應外顯，
人際關係往往也取決於反應。

當人們認真聽你的故事時，
你會覺得感激。
如果有人對你的故事產生共鳴，
你會覺得被愛、受到肯定與關心。

相反地，也有一些招人反感的反應，
讓人無法專心，胡思亂想，
不管你說什麼，對方的反應都很冷淡，
「不是那樣的」，然後打斷你的話，
這些都是會讓說話者覺得被無視的，招人反感的說話習慣。

在日常對話中，

說話的人未必想尋求對方認可，
或是想獲得兼具批判性和邏輯性的解決方法，
只是希望有人能真誠地聽他的故事，
認同他的感受。
「嗯，你說得對。」
「沒錯，你一定很難過。」說這樣的話。

不過你有沒有在對話中說過這種話呢？
「我覺得。」
「你理解我的意思了嗎？」
「所以說我的意思是……」
如果你習慣性說這一類的話，
請細心觀察，
你是不是招人反感了。

我們會本能地感受到，
對方給予什麼樣的反饋，

這些情緒累積起來，

就會變成人際關係。

不是口齒伶俐才能交到很多朋友，

認真傾聽，給予好的反應，

不管你去到什麼場合都會受歡迎。

人際關係對話法#18

讓對方有好感的反應
技巧。

就 聽 吧

當朋友吐苦水的時候，
你是怎麼安慰他的呢？

人們在安慰別人時經常犯這種錯，
以為可以用更大的不幸掩蓋不幸。

人生第一次出國旅行卻遇到扒手，
那時候朋友這麼說：
「你只掉了皮夾吧？
我整個背包都被偷了。」

父母因為事故意外去世。
可是朋友用認真的表情說：
「你算幸運的，
我爸媽在我上大學的時候就去世了。」
當然也有比你更大的不幸能安慰你的時候。
「原來辛苦的不只有我，還有很多人活得也很辛苦。」
在衡量別人的不幸與你的不幸時，
也有能克服心靈傷痛的時候。

但是安慰不是「比較」，而是「共鳴」。
比較你的不幸比別人大或小，
並不會減輕你現在感受的痛苦。
因為心情不是相對評價，而是絕對評價。

如果你身旁有遭遇不幸、需要安慰的人，
請什麼都別說，就聽吧。
等那個人願意吐露自己的悲傷與痛苦，
傾聽並點頭，
光是如此就能成為很大的安慰。

▶ 人際關係對話法#6

告訴大家長久維持珍
貴關係的方法。

拒絕的技巧

人生中，我們有時會拜託人，
有時會受人拜託。
如果有人突然急著拜託我，
我會想，盡量接受拜託才是人之常情。

但是如果對方提出難以答應的拜託，
我會很為難，不知道怎麼拒絕才好。
因為用錯方法拒絕的瞬間，我會變成壞人，
曾經要好的關係也會突然破裂。

到了我這個年紀大概就會有感覺了，
因為有過幾次的拜託，幾次的拒絕後絕交的經驗。
有人拜託我的時候，
我能憑直覺知道，
要是沒處理好，我和這個人的關係就斷了。
可是，知道不代表我有能力處理得好。
我雖然可以無條件地接受拜託，
但拒絕人需要高超的技巧。
讓被拒絕的人，
反而心懷感激的拒絕技巧。

所以我要告訴大家，我從過去經驗中領悟到的，

不讓人傷心也不讓自己傷心的，

三種拒絕的方法。

第一，有誠意地拖延時間。

讓人無法喘過氣的拜託，

很少是長時間深思後，非你不可的拜託。

通常是因為太急了，

即興地拜託身邊的人。

很多時候你聽拜託的內容，

就知道不是非得你出馬才行。

這種時候不要急著回答，

等個兩、三天再回答吧。

拜託你的事很可能在這段時間被解決了。

第二，請擴大有決定權的人的範圍。

如果是個人對個人的拜託，

請你回答：「我跟先生商量後再聯絡你。」

如果是公司對公司的拜託，

請你回答：「我跟公司內部商量後再回覆您。」
如此一來，就算不能答應對方的拜託，你也不會太為難。
因為拒絕的人不是你，
是你的家人或公司。

第三，請回應三次，真誠地拒絕。
「我知道了。」、「我知道，但不容易。」
「這次很抱歉，下次能幫我一定幫。」
在這個過程中，你想幫助對方的誠意會傳遞給對方。
如果一口回絕，對方和你都會傷心。

越是優柔寡斷、謹慎的性格，
對越不熟的人，
越會因為拒絕得不好而難受，
很多時候會因為錯誤的拒絕方式，
而導致誤會。

回絕拜託和接受拜託，
一樣重要，
請用有誠意的拒絕技巧，
觀察你和你珍貴的人際關係。

▶ 人際關係對話法#8

避免人際關係疏遠的
三種「拒絕」技巧！

忠告與暴力之間

年齡與忠告似乎成正比。
怪不得「老頑固」和「想當年」，
變成了大家的玩笑話。

如果對方用好的心態接受你想幫助他的忠告，
那就會變成「建議」，
但如果不是這樣，
你的忠告有可能被誤解成非你本意的「指責」或「干涉」。
出自好意的忠告有可能會傷害人，
甚至會破壞關係，
所以我們也需要精鍊忠告的技巧。

首先，你給某人忠告之前，
先看一下那個人和你是不是能給忠告的關係，
要是認識不久就給對方忠告，
對方有很大的機率會覺得你自以為是，把忠告當成指責。
在提出忠告前，
最先要遵守的原則是，檢查關係的重量。

其次，要先看你給忠告的人的品性。

低自尊的人，

容易把他人的忠告當成是瞧不起自己、攻擊自己的暴力行徑。

你對沒作好準備接受忠告的人提出忠告，

反而有害關係。

即使對方是對忠告具有包容力的人，

在對方請求你的幫助之前，也請先等待吧。

忠告跟稱讚不一樣，

哪裡要改正，哪裡不對，

說的是讓人聽起來不舒服的話。

是很難說出口的話，你必須慎重。

如果有人主動請你提建議，

就算你給的是很有用的建議，

也要用柔軟的方式傳遞，

這樣才不會傷了對方。

最後，忠告越輕越好。

如果你非得給忠告，

那麼點到為止。

輕輕地點一下，拋出忠告，

不要給對方沉重的忠告。

真正的忠告，

會改變那個人一百種資質中的一種，

只有你扔出的暗示成為線索，

幫助到那個人，才是真正的忠告。

如果忠告變得漫長又沉重，對方會被忠告重壓，

連帶著本應該要聽進的忠告就此消失，

那麼忠告又有何用呢？

你想改變對方的一切的忠告，

想動搖對方本質的忠告，

只是換了個名字的暴力。

▶ 人際關係對話法#4

聽起來不像指責的三
種給忠告的方式！

應對誹謗的姿態

人生中從來沒被罵過，
這很難。
你只是認真做自己的工作，
沒傷害人，也沒做錯事。
但人們往往會從嘴中說出非本意的話。

不久前我在講座場合遇到的四十多歲企業家，
他因為誹謗而煩惱。
他很晚創業，取得了少見的成功，
但隨著他的事業蒸蒸日上，對他的誹謗變得嚴重，
讓他很辛苦。
但是他在莫名的地方找到了答案。

「如果我縮小事業規模，應該也能減少誹謗吧？」
不是的，只要他繼續做事業，誹謗就不會消失。
不管做任何事，誹謗都會尾隨。
這是誹謗的基本屬性。

這世上沒有任何事能靠你獨立完成，
無論是公司還是事業，你都需要別人的幫助。
工作的步伐越大，就需要越多人的能量。
那份能量裡不僅有工作能力，
還結合了人們的關心、愛情、猜忌、嫉妒等的各種情緒，
成為推動你工作的能量。

有人為你的成功開心，替你加油，
也會有人嫉妒你的成功，誹謗你。
在推動你工作的能量中，
加油與誹謗是並存的。

就像粉絲變成的Anti粉更可怕這句話一樣，
你越成功，嫉妒你的能量就會越大。
誹謗你的人也會越多，
那也包含在你的工作中，
那也包含在你的成功中。

如果沒人說你壞話，
代表你一事無成。

所以不要害怕被人誹謗。

不要畏懼誹謗，

誹謗是你對工作盡了最大努力的證據。

▶ 姐姐的暖心毒舌 #88

對付在背後誹謗我的人的方法。

「雙飯」哲學

說到「飯」，你會想起什麼？
媽媽的愛與情，家常飯的飽足感，
會想起這些嗎？

雖然飯會被認為是溫暖、溫馨的情緒，
但我認為我們需要改變，
「關於飯的哲學」。

我剛開始講課的時候，
常跑鄉下，所以工作結束時已經很晚了，
我以前會直接住幾天，處理工作。
每當那種時候，講座主辦人會問我一個問題。

「老師，這次來鄉下出差，
誰做飯給老公吃？」
每次聽到這種話，我就會想：
「在該死的韓國，女人和飯是分不開的嗎？」
「這些人不把我當講師，把我當做飯的女人嗎？」

當某人談論對家常飯的回憶和情感時，

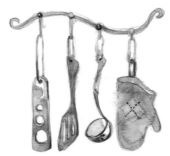

有個人在背後犧牲奉獻。
不是偶爾一次，是每天兩次到三次，
如果她沒有及時做飯，還會覺得很內疚。
媽媽的自由綁在廚房裡了，這是現實。

我在家庭會議上討論過這個問題，
「不應該由一個人負責做飯，這是不對的，
你們現在也十幾歲了，大家分工吧。」
幸好我的家人同意了我對飯的哲學，
如果沒有家人的幫忙，
我也會因為擔心家人吃飯感到內疚、痛苦。

只吃媽媽做的飯的男人不會知道，
準備飯菜是一輩子的規律勞動。
最近有很多雙薪夫妻，
既然夫妻一起賺錢，那也一起做飯吧？
一起做「雙飯」吧。

只有做飯嗎？
家人應該靈活分擔所有家務事，

大家是為了幸福才住在一起，

不要讓一個人背上所有的包袱，

從今天起我們「雙飯」吧。

▶ 人際關係對話法#17

姐姐老公不會做飯嗎？什麼也不能說的她。

倦怠期，未必是壞事

在這世上的人際關係中，
似乎沒有比夫妻更堅定的關係了。

真正的好朋友只要一不合拍，
一夜之間就會變成仇人。
從我身體裡生下的孩子，
長大之後獨立是很正常的。
夫妻關係之間會貼上「倦怠期」的標籤，
無論發生任何事，都會想盡辦法克服。

雖然最近大家對離婚的想法，
沒有過去傳統，
但還是很多人認為要好好經營夫妻關係。
那麼，想要維持一輩子美滿的夫妻關係，
該怎麼做呢？
我認為我們需要重新定義倦怠期。

在夫妻關係中，存在著各式各樣的事件與時間。
新婚時因為彼此喜歡，所以黏著對方。
幾年後，夫妻會有爭執、吵架。

知道了過去不知道的模樣，也度過了覺得抱歉的時間，
在孩子長大獨立後，夫妻得好好度過兩人生活才行。

對所有人來說，不可能所有時間都是甜蜜又迷人的蜜
月期。
也會經過相互討厭、嫌惡的倦怠期。
問題在於很多人撐不過這段時間，
斬斷夫妻緣分。
或擔心、不安夫妻之間發生倦怠期。

但是倦怠期一定不好嗎？
我們一定得戰勝或克服它嗎？

如果說蜜月期是兩人專注在對方的時間，
那麼倦怠期就是完全專注在自己的時間。

有些人認為對方視線焦點代表兩人之間的關係好壞，
當對方視線轉移，就會認為對方不再關心自己，
會說對方變了。
如果夫妻兩人正好在同一時間點轉移視線，彼此興趣
缺缺，
在別人眼中，有可能變成一段不美好的關係。

不過想一想吧，

每個人都會有五十歲的一天，
都會回顧過去的人生，
思考未來的人生。

你喜歡什麼，想做什麼，
以後想過怎樣的人生，
你想要實現什麼樣的人生價值等等，
為了有意義地度過你的人生，
你需要一個人思考的時間。
最佳時間就是倦怠期。

因為倦怠期的注意力不會被對方奪去，
所有的能量都能用在回顧自己，
各自都有專注自己的時間，
互相尊重與照料對方的領域，
偶爾替彼此的夢想加油打氣，
像分開又像一起的成長關係。
這是我認為的倦怠期夫妻最理想的模樣。

夫妻關係是一個男人和一個女人同甘共苦七十年，
在長久的緣分中一起成長。
也許對夫妻來說，在中間把看著對方的視線移往自己的時間，
是不可或缺的人生逗號。

不要再把倦怠期當作該克服的對象，

它是回顧過去被忽略的自己，

也是實現各自成長的時間。

 人際關係對話法#13

克服倦怠期又不傷害
關係的方法。

如果想讓兄弟姊妹間相親相愛

你婚後是不是疏遠了兄弟姊妹？
如果你們友愛地相處，那是最好的，
但無論如何，各自組成家庭的話，
跟住在同一個屋簷下的時候不一樣，
彼此越來越少聯絡，
生活方式也變得越來越不一樣，
有時覺得比陌生人更陌生。

那麼如果你希望婚後仍友愛地生活，
應該怎麼做呢？

不要用你的標準判斷，
所謂的兄弟姊妹，
只有在同一個父母下長大的共同分母，
我們其實從出生以來就是完全不同的生命體，
個性不同，價值觀不同，職業也不同。

兄弟姊妹在婚前各自專心在學校和職場上，
很少有和兄弟姊妹一起度過的時間，
在彼此婚後，人生得到了某種程度的安定，

從那時起，大家就會開始干涉對方的人生。

「你老公賺那一點錢，買得起房子嗎？」
「你家小孩的成績上得了大學嗎？」
因為是血緣關係，
所以很多時候，
兄弟姊妹說話比想像中更狠、更直接。

「我是擔心你才說這種話，
我們是家人，
這有什麼不能說的嗎？」
因為是家人，所以你不是更該了解兄弟姊妹的情況和處境，
認可他們，尊重他們嗎？

如果是同一個爸媽下面長大的兄弟姊妹，
有一些絕對不能做的事。
你不能強迫兄弟姊妹接受你的人生方式。

別人說的話有可能聽聽就算了，
因為每個人都有自己的生活方式，
兄弟姊妹可以把那個人說的話不當回事。
可是家人說的話會變成插在心頭的匕首，
因為親近的人傷人傷得更深，更久，
如果是血緣至親，就要更照顧和尊重對方。

很多人認為自己愛父母的方式是最好的，
也是最正確的。
所以用自己的標準去評價兄弟姊妹愛父母的方式，
追究誰是誰非。

對某些人來說，盡孝可能是常去看父母，
對某些人來說，
給孝親費可能是他認為的最孝順的事。
如果你無視這些事，把他們當成「逢年過節也不回家的不孝
子」，
那麼就算是兄弟姊妹，手足關係也一定會出現裂痕。

兄弟姊妹雖然是同一個肚子裡出來的，
但大家過著完全不同的生活，是獨立的存在。
不要隨便用你的標準去判斷兄弟姊妹。
不要無禮地逼對方接受你的生活方式，
不要計較對方盡孝的方式是對是錯，
請用溫暖的視線關注兄弟姊妹，
尊重、照顧兄弟姊妹，
這是守護兄姊姊妹友愛的唯一方法。

▶ **姐姐的暖心毒舌**

想要一輩子不理會，
卻又讓人難受的手足
關係！

別在公司交「好朋友」

不管在哪一家公司，
不管做什麼工作，
都會遇到不合的人，
這就是職場。
奇怪的是，職場就是，
彼此不合的人聚在一起工作的地方。

其實就算你選擇和你喜歡的人相處，
也會發生不滿意的事。
在聚集了形形色色的人的公司裡，
你當然很難找到滿意的人，
幾乎是不可能的。

只有職場這樣嗎？在任何聚會和公司都是這樣的，
任何地方都會有不喜歡你的人，
你不滿意的人。
你該怎麼對待這種人呢？

第一，請改變你的視線。
不要在意對方的想法，
然後仔細想一想，
是不是你對那件事太敏感了。

第二，不要在公司交好朋友。
你有在公司裡看起來很要好的人嗎？
我說的是像親姊妹一樣形影不離的關係。

「工作不累人，累人的是人。」
會說這種話的人的特徵是，
他們想在公司交朋友，
會因為人際關係而辭職。
相反來說，如果有不錯的人，他們就會繼續上班。

這種人對人際關係非常敏感，
花了很大的力氣在建立人際關係上，
所以一定會發生問題。

你和某人過度親近，

相對來說，代表你和某人過度疏遠。

如果你在任何一個地方發生衝突，

就會發生很嚴重的情況。

職場人際關係需要保持適當距離，

互相尊重對方的專業領域，

認可對方的不同之處，

有不懂的地方就求教，也教導對方。

必須是一起成長的關係。

如果工作經驗太淺，

你會分不清工作做得好而得到肯定，

和跟對方很要好，所以他對你好，是不一樣的。

如果你不懂怎麼區分「同事」與「朋友」，

一定會因為人際關係發生矛盾。

請不要想在公司交好朋友，

要交朋友，去公司外面也能交。

▶ 人際關係對話法#15

告訴大家在社會上不
樹敵的妙招。

▶「這句話救了我！」⑪

「等待時間，不要等待身體的反應，
要在腦海中思考，不要倉促決定。」

對每個人來說，人際關係都是困難的「作業」。到目前為止，我急著修復破裂關係的心情，在很多方面都受到了傷害。不過，在我聽完講座之後，我好像多了一條公式。如果說過去有不合拍的關係（化學作用），現在也可能不合拍。不是一定要親近才能修復過往的關係。我和對方保持一定距離，打招呼不會尷尬，就是一段成熟的關係。這句話安慰了我。

我過去因為急著確定、整理關係，所以犯過很多錯。我需要養成慢慢下決定的習慣，等待心和身體作出反應。如果外向又積極進取的個性能讓我作為「我」活到二十九歲，現在我要好好地調整個性，學習慎重的模樣，要成為養成習慣的人。我不能只有年紀是大人，我得練習真正的長大。

——You You

對付差勁上司的兩種方法

在職場上最困難的關係就是，
和上司的關係。
關乎我們的生計，
我們有時像一個團隊一樣親密，
有時又會覺得無比疏遠的關係。

如果你慶幸自己和上司沒有任何問題，
你得知道這種情況是很少見的。
不管是什麼方式，
會產生衝突和矛盾是必然的。

其中很多是因為誤會累積而造成關係糾纏不清。
在彼此變熟之前，
有時會非本意地流露挑剔或不自在的模樣。
了解之後才曉得上司和你都是很不錯的人。
這種時候，
傾盡真心去處理人際關係的戰爭也是一種方法。
你至少要敞開心胸，和上司深談一次，
化解過去累積的誤會。
然後隔天開朗地打招呼，

重新建立新關係。

因為你們是想成為同伴才開始這場戰爭，

所以是有可能辦到的。

但你也有可能無論怎麼看，

都覺得上司是絕對不可以往來的真正差勁的人。

那種時候你就得離開那家公司，

你是為求餬口而上班，

不能因為差勁的上司而死亡。

避開差勁的上司是上策，

說不定你離開那個公司會更好。

在其他公司也有可能遇到優秀的上司啊。

這世上一定會有，

我們無法忍受的困難關係。

那種時候就算是為了守護自己，

你也絕對不要忍耐。

有時候你果斷的決定會拯救自己。

▶ 姐姐的暖心毒舌 #107

在公司處理差勁上司
的兩種方法？

▶「這句話救了我！」⏸

「問題不出在你對別人說難聽話。如果你真的覺得自己很珍貴，自己的自尊很高貴，你為了守護自己，向別人說話的時候就會提高音量，能理直氣壯地處理那個問題。從『鬱悶』到『理直氣壯』，稍微改變一些，你的生活就會變得不一樣。」

我很容易因為別人說的話而受傷或被左右，這句話幫助我用新的視角審視了這個問題。為了想更愛自己，守護自己，我認為在需要的時候得說出自己想說的話，不需要大吼，說著否定的話。我只要沉穩、果斷地開口就夠了。以後我在職場上要從吞吞吐吐，說不出話的「鬱悶」重生為帥氣的「理直氣壯」。我相信會過著擁有好幾倍力量的人生。了解問題的本質後，我相信我一定能做得好。

──K Irene

對付暗暗討厭我的人的方法

你在人生中有沒有遇到沒正面傷害你，
或雖然沒吵架，
卻隱約合不來，感到不自在的關係？
雖然你們不喜歡對方，
卻不會打開天窗說亮話，隨便起衝突。

我稱這樣的人稱為「小敵」，
雖然是敵人，不過是不會構成威脅的微小存在。
我們可以和日常的小敵一起生活，
他們不會造成你太大的傷害，
也不會和你發生太大的衝突。
若有似無地共存就行了。

但是我們偶爾會犯錯，
可以無視的事卻挑明了說，
把小敵變成了大敵。

你偶爾會有很想無視，讓事情過去，
卻陷入想處理掉它的欲望中。

「我本來不想說這種話。」
「我本來想裝沒事，讓事情就這麼過去的。」
你揮舞著攻擊對方的刀，
想確定你高對方一等。

拜託你，千萬不要挑明後才說要睜隻眼閉隻眼。
如果你不想說，那到最後也別說。
如果你想讓事情就此過去，那就到最後都別開口。
把對方留在小敵的狀態。

當你挑明後才說算了的瞬間，
小敵就會變成大敵，
還有，你也會成為對方的敵人。

觀察出對方不喜歡你，
跟用你親眼確認是截然不同的。
沒有比這更愚昧的行為了，
你明明不用需要這麼做卻硬要一決勝負，製造大敵。

在生活中有著大敵會非常辛苦。
如果說和小敵共存像帶著有十顆蘋果的信封走路，
那麼和大敵共存就像推著有十袋水泥的手推車。
太重了，所以得拖著走，
帶著大敵的生活就是這樣。

四處樹立大敵的人，過著不幸又疲憊的人生。

你有可能可以帶一百名小敵生活。
雖然有點難受，也有點煩躁，
但不會造成你的生活過大影響。

所以，你千萬不要製造人生中的大敵，
不要跟小敵計較，能算了就算了吧。

▶ 人際關係對話法特輯#61

面對暗暗討厭我的人的
方法。

▶「這句話救了我！」‖

「不要把小敵變大敵。」

有條理地，真誠地，不要說會傷害彼此的話。

人生中想說的話不是全都能說完，很多時候像個傻瓜一樣，說了才後悔莫及。就像美敬老師說的，不要把小敵變大敵。我對這句話深有同感。有些事說出來很尷尬，好像以後永遠不會跟對方見面一樣。我因為婆家關係困擾了很久，聽了這個內容之後，我和他們進行了談話，現在我過得非常好，受益良多。

——李希英

如果你現在正背對某人

你知道人際關係最危險的時刻是什麼時候嗎？
是不知道你背後
正在發生什麼事的時候。

你以為只有眼前發生的事，
才是現在發生的事。
但是，在你背後發生的事，
也是你人生中的重大事件。

你可以控制、解決眼前的事，
卻無法解決在你背後的事。
只有在你的背撞上了東西的時候，
你才知道有事正在發生。
可是到那時候才解決問題，
為時已晚。

那種時候請轉身。
不管你多討厭背後的人，
也要轉身與之相對。
只有那樣你才能清楚看見對方，

才能確認你與對方之間的距離。

俗話說，越是敵人，越要放在身邊。

如果是會傷害你的人，

請不要背對他太久。

如果對方因你而感到傷心，

就算你吃虧，也請雙倍償還吧。

還有，為了隨時能看見對方，你要把他拉到眼前可見的

距離。

這不是為了他好，是為了你好。

只有這樣你的心才會變得舒服。

你現在正背對著某人嗎？

那麼請轉身和那個人面對面打招呼吧。

等到你背後被捅一刀就太晚了。

 姐姐的暖心毒舌 #118

明智地面對讓我疲憊
的無賴。

和親近的人關係複雜糾結時

人生中，每個人都會經歷一兩次
和像親姊妹一樣的好友，
或是心靈相通的同事之間的關係，
忽然變得複雜糾結的時候。

我也不例外，
小時候我會追究誰對誰錯，
埋怨對方，
被人背叛的時候會感到委屈，也會洩憤。
有時也會自責是不是自己的問題。

但仔細一想，這樣做只有我一個人又累又痛苦，
所以我決定為了自己換種想法。
對方和我都是不錯的人，
雖然好人和好人遇見，意氣相投，
我們緣分只不過沒能延續到下一階段而已。
「在我的人生中，那個人扮演的角色到此為止。
和他在一起的時候我很高興，也很感謝他。」
我決定這樣子想，
我把和他分道揚鑣的事，包裝得漂漂亮亮地，放在原地。

揮別了那段時間。

在我改變想法之後，
我不再怨恨對方，也不再自責。
整理了過去沉重的心。

仔細想想，人際關係應該是角色和安排的問題吧。
那個人是因為那個時期和那個地點我所需要的，
所以被安排在我的人生中，
在他扮演的角色結束的時候，
他的位置就會被換掉，也會離場。
分手有時開心，
分手也有時難過。

人際關係大部分不是「為什麼」，
而是「就是」發生了。
「我對你那麼好，你怎麼可以對我這樣？」
不要抱怨，發脾氣，找理由。
「你我的緣分到此為止了啊。」
我們好像需要練習順勢而為，鬆開緣分的線。

如果你最近跟誰疏遠了，
或是和某人分手中。
你不要問為什麼，

直接送走他吧。

把和那個人的緣分留在原地

各走各的路。

你在路上會遇到另一段美好的緣分。

姐姐的暖心毒舌 #77

和曾經親近的人關係
變得複雜糾結時。

PART

4

這句話
救了我的夢想

不幸時看書

每個人在人生中都會面對無數的不幸與失敗瞬間。
其中，有時也會有讓人想放棄人生的天大不幸。

在一九九七年韓國金融危機時，我也遇到那種嚴重的瞬間。
當時我結婚七年，好不容易買的房子沒了，
手中沒半毛錢，被派到鄉下，
兢兢業業地生活。

那時候我第一次知道，
人會因為錢被逼入絕境，
有可能會尋死。
「在這裡轉方向盤，越過中線，
想死很簡單啊。」
我無意識間有了這種想法。
那是段辛苦又難熬的時光。

你知道我那時做了什麼嗎？
我咬緊牙關看書，
在不斷地思考，無數次的苦惱後，我寫書了。
那本書變成暢銷書，

我才能重新站上講臺。

怎麼會發生這種事？
因為人在不幸的瞬間，某種運氣會上門。
那就是讓你的專注達到最大值的力量。

當你身處不幸之中時，
你覺得你的不幸就是人生全部，
很容易陷入悲傷與挫折中。
但這表示你很專注在某事上。
所以在你最不幸的時候，你要看書。

累的時候叫你看書，你應該很想問我是不是瘋了吧。
大概有很多人會想這樣問：
「這種情況哪裡看得下書？」
可是人在不幸的時候最容易專注。
就算是一本書，你也會以完全不同的視角接納它。

如果是以前，你聽說別人的痛苦故事，
可能只是聽聽過去，不會太在意。
可是當你陷入不幸的時候，你會投入感情，
你彷彿變成了那個人，眼淚直掉。
不管你讀什麼書，都會像讀自己的故事一樣，
湧現出「換做是我，我應該會那樣做」的想法。

你因為不幸而變得敏感的心，會產生共鳴。

因為已經跌到了谷底，

所以你會用最單純的心去抓著救命稻草。

書中有很多想抓住的稻草，

如果是以前，你會產生很多難以想像的新鮮點子。

接下來會怎樣呢？

你會在書中發現平常的你絕不會發現的，

全新道路。

你會因為太開心，

邊想著「明天要看什麼書呢」，

邊認真閱讀。

你的人生就這樣從不幸的空間，

搬到了閱讀的空間。

當你忽然看見「原來我過得很好」的希望時，

你會慢慢地擺脫不幸的時光。

我利用書找到對自己的期許，

以此為支撐，決心重新站起。

循序漸進地度過了不幸的時間，

最終脫身。

所以我可以有自信地說，

悲傷、孤單、疲憊、想哭的日子，

你一定要看書。

就算你現在不理解我的意思，

但如果你覺得自己的人生陷入了不幸的泥沼，

請看書吧，

它會成為把你重新帶回日常的繩子。

▶ 姐姐的暖心毒舌

首次告白！美敬姐姐差點放棄人生的瞬間，最辛苦的三十四歲。

▶「這句話救了我！」❚❚

> 「不幸只是暫時與你擦肩而過。」

金美敬老師這麼說。不幸有送給我禮物嗎？所有的不幸都帶來兩個方向，一是因此出錯的方向，一是因此飛躍的方向。

我從今天起決定告別所有不幸的過去，還有比起不幸，我要更懂得感激。如果我感激人的話，「叫作不幸的傢伙」再也不會動搖我的心。我要好好地管理好心情，不要再陷入不幸。

「善實，不幸，只是與你擦肩而過，現在是你插上翅膀再次飛翔的時候。」

沒錯，不幸只是暫時的，只是和我擦肩而過，我現在插上翅膀，再次飛翔的話，我的人生會變得更偉大。

就像「首次告白！美敬姐姐差點放棄人生的瞬間，最辛苦的三十四歲」這支影片帶給我的力量，我希望以後我也能成為給某人勇氣的人。想給別人力量，我就得先成長。我想努力成長，明年成為帶給許多人感動訊息的使者。

——崔善實

心靈的溫度

當你們上大學的時候，進入職場的時候，
真的很認真學習了。
可是大家好像不太清楚，
職場生活也需要學習。

在入學考試和準備就業學習時，你們只要認真背答案就能得到
高分，
但是職場生活不一樣，
它沒有正確答案，要學的科目也完全不同。

和你想法不同的人，比你年長的人，
走在你前面的人，懂得比你多的人，
在社會見到的形形色色的人，
沒人會告訴你該怎麼學習。

讓我告訴你，對於在社會上聰明學習，

我的兩項人生體會。

第一，你的心靈溫度要夠高才行。
心靈的溫度就是學習的熱情。

「年紀這麼大了幹嘛還學習，好煩。」
「老頑固怎麼可能聽得進我的話，好煩。」
會這樣說話的人的心靈溫度很低，
反之，如果有人說：
「跟那個人見面應該很有趣，啊，好興奮。」
「事先預習的話，應該可以學到更多東西吧？啊，好激動。」
這種人擁有最火熱的熱情心靈溫度。

在社會上擅於學習，也學得很好的人，
真的開始學習一件事時，
心靈溫度會很高。

他們充滿了恐懼、好奇、激動與心動。
想知道自己能不能做到，到底多有趣，
所以心靈溫度高的人，
就算沒人叫他們做，他們也會自己預習和複習。

另外，擅於學習和學得很好的人不會只靠文字學習，
還會用眼睛看、耳朵聽、行動模仿，

敞開自己的身體去接收，
從教導這種人的立場上來看，會想教他們更多。

第二，擅於學習和學得好的人會努力記錄。
他們用超越光速的速度拿出筆記本筆記，
生怕漏掉對方的任何一句話。

大家知道遇到比自己年長二十歲，能教導自己的人時，
看起來對方覺得自己孺子可教的方法是什麼嗎？
拿筆記本記錄。

拿出筆記本記錄，
意味著對那個人的尊敬，
想向那個人學習，認可那個人。

對於年長者來說，最好的反應就是筆記。
「我的話好到要記下來啊？」
對方內心受到感動，
視線一定會放在你的身上，
這是讓你能學到你想學的，
還能鞏固你與對方的關係的方法。

你想在職場生活中學到不同的東西嗎？
那請用預習和複習提高心靈的溫度吧。

然後，拿出筆記本記錄吧。

如果你能做好這兩件事，

就能兼得魚與熊掌。

▶ 夢想財富 #9

想過好職場生活必須
知道的三件事。

在競爭中取勝的方法

兩年前，我剛開設YouTube頻道的時候，
有人說希望他想開一個教導孩子英文的頻道。
我覺得那是個很棒的想法，並為他加油。

大概一年後，我們又見面了。
這次他訴苦道：
「最近大家都在經營YouTube，
我現在開始是不是太晚了？
現在已經是紅海了，
沒有我能立足的地方。」
結果他到現在都還沒開設YouTube頻道。

很多人想挑戰新事情的時候，
經常有這樣的擔憂：
「是不是太晚了？」
「還有我的立足之地嗎？」

很遺憾地，這世上沒有空蕩蕩的市場，
如果你覺得值得一試，那就像搭上了通勤時間的捷運一樣，
擠到沒有站的地方。

可是你還是照樣搭捷運嗎？

你可以等到有空位的時候再坐下也沒關係，不是嗎？

不就是這樣的嘛。

一旦你下定決心要搭捷運，

就算是推開別人的肩膀，

你也會讓自己擠上捷運。

人再多你也會察言觀色，

替自己找一個立足之地。

新的開始就是，不管那個市場上有多少人，

你想做的時候就是最好的時候。

反正人不多的地方，

你覺得好像不會成功的地方，你也會因為不安而不敢進去。

與其這樣，

你去人多，但一定會成功的地方更好。

我從現在開始學英文，

我激勵自己，

等到六十歲以後，我要當一個教授激勵課程的國際講師時，

不知道有多少人大搖其頭。

全世界有很多英文流利的人，

也有很多教激勵課程的講師，

而且我說我六十歲要挑戰，所以他們搖頭也是有道理的。

但如果不是現在，我這輩子休想辦到，

現在就是我實現長久夢想的最佳時機。

過去幾年，我天天學英文，

雖然還有不足之處，但我試著接受了一位外國記者的採訪。

如果我從YouTube上得到的資訊是真的，

那麼我認為語言障礙一點都不是問題。

全世界有很多教激勵課程的講師又怎樣？

能說出像金美敬的故事的人只有金美敬，

重要的不是有沒有空位，

而是我有沒有信心創造空位。

你不要覺得為時已晚，覺得沒自己的位置而挫折。

就像搭上下班時間的捷運一樣，

你先擠上去後，再幫自己找位置就行了。

現在是全新開始的最佳時機，

請相信你是最幸運的人，

替自己的幸運加把勁。

▶ 姐姐的暖心毒舌 #54

競爭已經夠激烈的地方還有我的位置嗎？

得和無能爭鬥才能變得有能

我去米蘭學了一年的時裝設計。
我親身經驗了自己的無能，
那邊用英文授課，我卻一點都聽不進去，
我也學不會人生第一次使用的Photoshop。

我身旁的年輕人一聽就懂，比我厲害，
我連前一天的作業是什麼都不知道，
我想努力，但就連該做什麼都不知道，
還有過坐著發呆的時候。

當我像傻瓜一樣呆坐一天後，
內心焦急，再也忍不下去，
我開始看著YouTube影片自學，
就這樣專心自學了兩個禮拜，我的實力進步了，
畢業時還被老師讚美。

當時我覺得自己每天都在成長，
當我意識到自己的無能，
為了培養自己的能力，我用盡方法，努力地奔走。

大家知道我人生中最無能的時候是什麼時候嗎？

就是二十八年前，我剛開始講課的時候。

當時的我每天的成長速度都像KTX一樣快，

那時候的成果，讓我到現在都覺得我在我的專業領域是有能之人。

但很奇怪地，

從我覺得自己有能力的瞬間起，

我感受不到自己的成長，

以前的我學到新東西會很開心，

就算是小小的讚美也能讓我開心地跳起來，

現在我反而對這種情緒感到陌生與尷尬。

所以我覺得，

如果我想重新變得有能力，得先變得無能才行。

當我在一個我認為自己無能的地方，

我就會瘋狂地努力學習，

所以如果你想重新感覺自己有能力，

選擇你感到自己無能的地方，
走進那裡就對了。

你得和無能鬥爭才能變得有能。

 金美敬的我說#147

得和無能鬥爭才能變
得有能。

▶「這句話救了我!」⑪

「和自己的無能鬥爭吧,你得相信自己。」

如果我不相信自己,又有誰相信我?「新事物、未知事物,不要因為自己的窩囊而慌張,立刻認為自己是無能的力量!只有這樣,我才能成長。」我被這句話深深地打動。

享受無能吧。裝得很能幹而不動起來,就會變得無能。我每天和內心的自己鬥爭。為了不輸給我的窩囊,為了穿越無能的隧道,我要對和我有相同處境,同病相憐的媽媽們說:「我們就承認自己的無能吧!然後,就算再窩囊,也要相信自己。」

——兔布醬

我人生中的獎學生

我開設YouTube頻道兩年了，
訂閱人數即將突破百萬，
對英文沒有信心的我，
甚至接受了海外知名記者的英文採訪。

然後，這種問題迎面而來。
你怎麼知道YouTube會紅起來？
你的英文實力什麼時候變得這麼好？
五十歲還能跟得上流行的秘訣是什麼？
被問到這些問題的時候，因為我也很好奇，所以我想過了。
但是沒什麼特別的。

我的夢想是在六十歲以後到全世界講課，
為了這個夢想，我從幾年前開始就每天學英文，
然後，我在機緣巧合下遇見了YouTuber DDotty，
也發現了YouTube平臺的潛力。

我最好是有先見之明，
能預見YouTube市場的興盛，
我只不過在那之前一直在尋找能容納我的內容的最佳空間，

在巧合之下，我醒悟到那就是YouTube。
我透過不斷地在YouTube上上傳影片，
發現這是練習用英文講課的最佳方法。

你知道在同一個職業上長跑的人的特徵是什麼嗎？
就是每天堅持學習，修正自己的人生。
因為他們很清楚臨時抱佛腳是不管用的。

從「講師」金美敬變成「YouTuber」金美敬，
看似突然急轉彎，
但我每天都持續地學習YouTube平臺的使用方式，
以及製作適合上傳YouTube的影片，
通過「YouTuber金美敬」一點點地修正我的人生方向。

大概幾年後，有人看見我在國外講課的模樣時，
會覺得我是突然冒出來的，
但對我來說，這不過是自然的趨向，
因為我從好幾年前就以英文講課為目標，鍛鍊自己。

這世上沒有「突然」的成就，
你必須經過每天一點一滴的堅持學習、努力和修正的過程，
才能遇見你所希望的成功。

萬事起頭難，勇敢一試，萬事皆不難。

一旦你開始走上想走的路，

在路上的你可以看見方向，

你只要把那個方向當成里程碑，一點一點地努力和修正就行了。

我夢想成為我人生中最勤奮的人，

我人生的獎學生。

▶ YouTube大學贏家課程

想快速實現我的夢想？
成為我人生中的獎學生
的方法。

你不是做生意的料

最近就業不易，
不管怎麼努力累積經驗，
跨過就業門檻，比摘天上的星星還難。

所以好像很多年輕人有這種想法。
反正辭職之後會去炸雞店，
沒必要辛苦地進入職場，
還有，與其去不適合自己個性的公司，
倒不如現在馬上創業。

如果你有明確想做的事，
不用就業也沒關係；
如果你有確實的願景，
創業也許是更快的路。

但創業資金呢？
你有儲蓄嗎？

你想跟爸媽借嗎？

如果是後者，你現在談創業為時過早，

如果你沒有賺過錢，

做生意並不能讓你賺錢。

有「生意天分」的人從一開始累積資金的路徑就不一樣，

再怎麼不適合自己個性的公司，他們也會忍耐，繼續上班，

存下百分之八十的薪水，努力地賺錢，

在達到目標金額之前，他們絕不會辭職。

這不僅是單純賺錢而已，

他們有做自己不願意做的事的忍耐力；

有和自己合不來的人的共事能力；

有解決衝突的能力；

像這樣，他們集合了一個創業家所需要的能力，

累積了花錢也買不到的社會經驗。

靠自己的力量賺到錢，

就是知道別人的錢有多珍貴。

要懂得珍惜別人的錢，

才有資格賺別人的錢。

如果你只是嚷著要創業，伸手跟媽媽要錢，
那麼你不是做生意的料。

▶ 夢想財富 #7

如果沒有「這個經驗」，請絕對別創業！

每個上班族
都想過的問題

我是「天生上班族」還是「天生生意人」？
這是每個上班族都想過的問題。

工作強度越來越高，薪水卻好幾年沒漲過，
再工作幾年好像也升不了職，
反正這份工作不適合我，要不要乾脆放棄，去做生意？
我想很多上班族聽到這些話都會點頭贊同。

你是不是覺得過了幾年職場生活後，做生意也不賴？
你是不是覺得比起上班，賺錢能賺得更輕鬆？
你是不是覺得把幾個點子商業化就能賺到錢？
但現實並非如此。
職場生活和事業是完全兩碼子事。

你好奇自己適合上班還是適合做生意？
那麼只要符合一個標準就可以了。

「我能為這件事奉獻一生嗎？」
如果你對「奉獻」這個單詞有猶豫，
那麼你不適合做生意。

對我來說，講課就是人生，人生就是講課。
要我一天二十四小時都花在成為一名優秀的講師上，
我一點都不覺可惜。
如果把講課賺來的錢花在能讓我講更棒的課上，
我一點都不會心疼那筆錢。
雖然身體精疲力竭，心卻無比興奮，覺得很有趣。
在成為一名不錯的講師的過程中，
我很開心，也很滿足。

真正的天生生意人不會區分工作與生活，
就算要他們揮灑所有的金錢與時間，他們也不會感到可惜。
對他們來說，奉獻工作和奉獻人生沒有不同，
工作就是人生，人生就是工作。

如果我不怎麼喜歡講課，那聽講的人也會不愛聽吧？
只有你為工作瘋狂時，才能讓別人也一起瘋狂。
只有更多人為你的工作瘋狂，你才賺得到錢。
不奉獻是不可能的。

你有沒有因為把時間花在工作上覺得可惜嗎？

你有沒有因為差點太努力工作而鬆了一口氣？

如果有，那我可以給出一個明確的答案。

你適合上班。

▶ 夢想財富 #3

我適合創業？還是適合上班？

如果想製作屬於自己的內容

你在考慮創業嗎？
你在尋找百戰百勝的創業項目嗎？

那麼有兩件事一定得學習，
一是學習關於自己，
一是學習現在。
這兩者的交叉點隱藏著賺錢的秘訣。

有句話說：「知己知彼，百戰百勝」，
人生中最重要的學習就是學習自己，
你擅長什麼？你想做得更好，需要學什麼？
你的不足之處是什麼？你想填補不足之處，又需要學什麼？
只有先學習自己，為了完整自己再去學習。

你也不要懈怠學習現在。
在我讀了各種趨勢類的書籍，
還有當我和專家們進行採訪後，
我領悟到，不懂現在不能做生意。

最近三年，賺錢的方式完全改變了。

比方說，過去回鄉下務農只需要老實幹活就好了，
但現在有很多要學習的新東西，
了解和ICT技術結合的智慧農場能提升務農效率，
了解電子商務的運輸才能開拓新的銷售通路，
只有了解社群行銷才能獲得更大的利益。

學習現在的最佳方法就是讀書，
我最近開始看關於熱門社群平臺的書，
也會看我的專長領域中出的相關新書，
如果你能勤快參加聚會，累積人脈就更好了。
只要閉眼努力學習一、兩年，
你就能找到屬於你的內容。

不要問周遭的人你該做什麼好，
先學習你自己，再學習現在，你就能看見最佳答案。

 YouTube大學贏家課程

不畏懼未來，培養我
人生最棒的內容的方
法是？

▶「這句話救了我！」Ⅱ

> 「只要不放棄自己，你隨時都能創造出任何內容。
> 請不要心急。」

記住這句話的我今天也去上班了。寫這篇文章的現在，我即將要從研究所畢業！當然，在畢業之前，我經歷了很多波折，但我活在尋找夢想的現在進行式人生。如果說過去我的人生是Input，那麼我正在為了Output的人生作準備。其中之一是寫部落格和出書，開啟我身為講師的第二人生。我決定過那種生活是因為，有很多懷著和我相同熱情卻無法找到工作的女性，還有為了她們的孩子，我身為人生前輩與姐姐，我希望自己能成為她們的動力，成為傳遞善良影響力的陽光。

——洪美京

自尊禮物

我剛開始經營YouTube沒幾個月，
舉辦了三國十三座城市的巡迴講座。

這對我來說是一場大冒險，
我得放棄一個月在韓國賺錢的機會，
還得全數負擔巡迴講座的支出，
總而言之，這個巡迴講座不賺錢，
而且還花錢，花很多錢。

但是我通過巡迴講座，
獲得了比錢更值錢的東西。
那就是我在工作上的自尊。

我第一次站上講臺，看著聽眾，嚇了一大跳，
他們期盼的眼神，
說謝謝我為他們大老遠跑去，
那是我在韓國時從未經驗過的，
炙熱迫切眼神。

我走了無數的城市，認識了各式各樣的韓僑。

其中，我和脫北年輕人的見面，我至今記憶猶新。
以脫北者的身分住在國外，一定經歷很多困難，
他說每次生活辛苦的時候，就看我的YouTube影片，
獲得了生活下去的力量。
在講座結束後，我緊緊擁抱住那名年輕人，
和他一起流下淚水。

你知道我在講座結束後想的是什麼嗎？
「為了體驗這一刻，
我不斷地耕耘這個職業，
二十八年來作為講師而活，真是做對了。」
我對我的工作感到無比自豪，
「原來我的工作能成為某人的力量，
原來我真的是一個不錯的人。」
我的工作送給我自尊禮物。

你知道人們為什麼要貢獻才能嗎？
因為看見人們因為「我」而感到幸福時，
看見某人的人生因為「我」而變得更美好時，
會感覺「我做這份工作做得很不錯」。

如果你想從自己的工作中獲得自尊，
只要大膽放棄一件事就行了。

如果放棄錢，當下有可能會形成損失，

但是你會獲得比錢更有價值的，關於你的工作的自尊。

▶ **姐姐的暖心毒舌 #93**

如果想通過我的工作
獲得金錢與自尊？

五十多歲是第二次青春

人生中有些事要「到時候」才明白。
我們稱之為歷練或經驗。

有一項智慧是我年過五十後才學會的，
那就是五十多歲的面貌和二十多歲的面貌，
非常相似。
你知道兩者哪裡相似嗎？
它們都是自由的。

人到了五十多歲，會變得和二十多歲時一樣自由，
因為需要我照顧的孩子長大了，
有能力自理，
先生也不會嘮叨要我早點回家。

還有，我獲得了
「活下來的資格證」，
走過了人生坎坷隧道，度過重大難關，
現在的我已經從許多人生難題中解放。

重獲自由的我最需要什麼？

就是二十多歲的心態。

當時我想做的事，

旅行、學語言、寫書等，

那個時候我們都有很多想做的事。

那時候因為沒錢、沒空而做不成的事，

到了五十多歲的現在可以自由了，

五十多歲之所以是年輕人，

是因為可以再次召喚二十多歲時作過的夢。

不要只有嘴上說「五十多歲的青春」，

召喚二十多歲的自己，

創造真正的五十多歲青春吧。

▶ 金美敬的我說#157

五十多歲是第二次
青春。

▶「這句話救了我！」⏸

「We are young.」

　　美國生物學家賈德・戴蒙（Jared Mason Diamond）在六十二歲時學義大利語，也用義大利語講過課。他說自己的人生最閃耀的時期是七十歲到八十歲。日本作家若宮正子（わかみやまさこ）作為年紀最大的APP開發者，她的好奇心使她永保青春。她說自己摸索學習怎麼開發電腦遊戲，真是令人吃驚。另外，韓國延世大學哲學系教授金亨錫到了一百歲還在講課、游泳。美敬老師在五十五歲接受了英文採訪，然後去了美國替學生進行了令人印象深刻的講座。

　　沒錯。正如美敬老師所說，我們還年輕。不管開始做任何事都為時未晚。「We are young」是我今年聽到的最強大的咒語，讓我用差不多的句子結束這段留言。「我們做得到」。

──思星光

年紀越大越不能錯過的三件事

在某次講座，我提出一個問題：
「各位未來五年內想做什麼？」
很遺憾地，幾乎沒人給我明確的答案。

媽媽們作出的選擇，
往往把家庭置於自己之前
每一個選擇都把自己放在後面，
所以幾乎沒人思考自己想做什麼
沒時間思考自己喜歡什麼。

四十多歲到五十多歲的女性，
有三件年紀越大越不能錯過的事，
我想推薦這三種事。

第一，哪怕一天也好，請你獨自去旅行吧。
請在路上發現從未遇見過的自己。

有些想法只有獨處時才會浮現。

「我好像很擅長這件事。」

「我得學一下這個。」

這些微小的想法能造就巨大的夢想。

第二，請你開始實習生活吧。成為社會活動的實習生。

在養小孩，做家務的時候，媽媽會逐漸遠離社會，

就算是日常的微小變化也會感到害怕、恐懼。

但當你開始接觸社會活動時，會認識形形色色的人，

學到很多新東西。

我特別推薦當義工。

因為那是能獲得價值與實力的最佳實習過程。

第三，請回到過去開朗健康的自己。

回到自己愛美又活力充沛的時期吧。

就算時間無法倒轉，但身體是可以回到過去的。

做一下運動，穿上沒穿過的衣服吧。

身材改變，想法也會跟著改變。

做這三件事當然也可能效果不大，

把小孩和家務拋在身後，

去旅行，去當義工，

這些事本身就很困難。

但是讓我們稍微鼓起勇氣吧。

先不管行不行，做了再說。

帶著老去的身體生活也是一種實力，
是時候展現你的實力了。

▶ 姐姐的暖心毒舌 #73

四、五十歲的女性
想活得年輕得做的
三件事。

我最喜愛的季節

我活到現在發現，作為女人最美好的時光，
始於五十。
孩子長大了，不需要我費心，
一天二十四小時全都屬於我，
我現在可以隨時做自己想做的事，
經濟也比過去寬裕。

可是當我迎來最美好時光的瞬間，
身體到處不舒服。
是的，沒錯。我開始出現了更年期症狀。
我五十多歲的時候經歷了很嚴重的更年期，
身體不如過往，而且經歷了前所未有的憂鬱。

時機怎麼如此不湊巧，
擁有了時間與經濟的餘裕，身體卻不聽使喚。
我躺在床上接受物理治療的時候，淚水泉湧。
從醫院出來後，我直接去了健身俱樂部。
從那時開始，我每天運動，一天二十四小時都考慮著自己的
身體，
自從我這樣做，真的很神奇地，

一百天後，大部分的疼痛都消失了。

我有了最美好時光找上我，
而我的身體也很美好的想法。
那時我明白了：
「帶著老去的身體生活也是一種實力！」

五十歲以後，生活靠的不是頭腦實力，而是身體實力。
靠身體實力活到九十歲才是真正的實力。

所以我們不要因為更年期憂鬱，
更年期不是為了讓我們憂鬱才來的，
是身體在向我們提問：
「以後年紀慢慢地增長，你會逐漸迎來疼痛，
你以後打算怎麼生活？」

我們要做的就是，適當運動，適當進食，
保持強壯的身心，
對身體發出的問題回以最佳答案，
請創造一個和最美好時光相得益彰的自己吧。

 姐姐的暖心毒舌 #62

準備我最美好時光的
方法。

減肥需要的三毒

減肥是女性一輩子的課題，
我試過所有的減肥方法，
從只吃肉，不吃碳水化合物到「低碳高脂」，
還有維持十六小時空腹的「間歇性斷食」，
最近流行的方法我全都試過了。

但人生沒有僥倖。
吃得少，動得多，自然就會瘦。
不要被別人說的減肥方式迷惑，
減肥成功的唯一方法就是，
戰勝多吃少動的自己。

如果你還沒下定決心，
讓我分享我的獨門訣竅吧。
要想減肥成功需要三毒。

第一，要成為狠毒之人。

我每天早上跑一小時，

碰到早上要講課，不能跑步的日子，

就算到了晚上十二點，我也會換上運動鞋出門跑步。

我每天一定會做滿一定的運動量和消耗熱量。

在一百天內，我狠毒地遵守了和自己的約定。

第二，要毒舌。

在減肥初期，「你辦得到」的加油語言成為很大的力量，

可是，很難改掉身體養成的習慣。

不過過了幾天，我發現自己吃得多，動得少，

每當那種時候，我毫不猶豫地用惡毒的話教訓自己，

狠到大腦一下子變得清醒。

第三，要獨（毒）學。

很多人減肥之所以失敗，

是因為用了不適合自己的方法。

對喜歡吃東西的人來說，一天只吃一餐是活受罪；

對好動的人來說，瑜伽是最無趣的運動。

根據體型、飲食習慣和運動喜好等，

每個人適合的減肥方式都不同。

想找出適合自己的方法就得學習。

我指的不是學減肥，而是學習自己的身體。

不要問別人，
自己最清楚什麼方式適合自己。

姐姐的暖心毒舌 #44

減肥時必備的三毒。

我人生的最佳時機

「孩子還小，我不能做我想做的事，所以很難過。」

這是我在講座上常被年輕媽媽問到的問題。
有很多媽媽很想做全職工作，
卻苦於沒有地方能托付孩子，
於是放棄了夢想。

就算是打工，
當媽媽面臨得在工作與孩子之間二選一的情況，
也毫無疑問地會選孩子。

雖然是我的心肝寶貝，
但有時討厭孩子的情緒會一下子湧出。

「如果我跟別人一樣有人幫忙看孩子，
我就能自由飛翔了吧。」
像這樣抱怨的情況不在少數。

可是你現在看來是為了孩子，
壓縮、犧牲了自己的夢想，
實際上這是你為了將來在作準備的時間。

你把你的時間和眼前的孩子分享，
從小就細心養育孩子，
孩子會自己找到自己的路。
被媽媽的愛與時間滋潤成長的孩子，
長大以後，很少需要媽媽費心的。

孩子會找媽媽的時間是有限的。
孩子越大，曾經分給孩子的時間，
最後會完全地回到你身上。

我明白等待那個時間到來很難熬，
其他人在前面奔跑，累積工作經驗，
媽媽們會擔心是不是只有自己落後。

其實我也一樣。

我邊養著三個孩子邊靠講義賺錢維生時，

我沒空做自己想做的事，

像是學做衣服、學英文。

但是從某一瞬間，

我有了充足的時間做那些事。

有句話說「人生講求時機」，

不能馬上做自己想做的事，

可能會讓你覺得自己是不是錯過了做那件事的最佳時機，

但根據我的人生經驗，事實並非如此。

就算你有很多可用的時間，

把它們全都花在認真學習，積極挑戰上，

但也不能保證會得到你希望的結果。

反之，把時間分享給孩子，

趁空檔做一點自己想做的事，

改變人生的最佳機會說不定會上門呢。

做某件事的最佳時機，

不是能按自己所想任意調整的。

所以你不用因為現在要陪孩子，

沒時間而傷心，

更不用挫折、放棄。

把這段不能花在自己身上的時間，

想成是有計畫地儲蓄吧。

請相信自己，等待吧。

屬於你的最佳時機，

一定會在等待的盡頭出現。

金美敬的我說#155

和孩子分享時間吧。

▶「這句話救了我！」 ⅠⅠ

「夢想不是在空閒時完成，是創造時間完成的。」

我被這句話吸引，開始設計起我的無聊人生。我拿出擱置許久的三孔資料夾，重新看著過去的夢想清單，創造我的人生。我製作了愛自己的每週減肥計畫，在日記本寫上我為了育兒、家庭和自己的時間安排紀錄，替我的夢想創造時間。我之所以這樣生活，是為了不遺失自我，還有希望以後能和孩子分享我實現夢想的旅程。

美敬姐說：「媽媽因為帶孩子離開職場，不是中斷履歷，只是改變了工作履歷。」這句話也讓我有同感。我現在跳槽到一個叫家庭的小公司，經營家庭的同時，學會了更加珍惜時間與懷抱更大的感激。

——家庭經營者

領導者的條件

隨著年齡增長，在各種聚會上，
我經常得擔任領導人。
去參加大樓婦女會或其他聚會，
常常會被推薦當總務長，當組長。

可是好像很少人會爽快地點頭答應。
因為大家都當過了。
很清楚開心只是暫時的，要負責的事太多了，
稍有失誤，就會聽到難聽話。

大家知道我是怎麼做的嗎？
影響不大的話就做吧。
成為領導者或在領導者背後說閒話，
反正你會成為兩者之一，
那成為領導者不是更好嘛。

你知道當領導者的好處嗎？
不管是自願還是無意被推舉，都會有兩種心態。

第一，憐憫之心。

「我先了解對方的想法，先示好吧」的心態。

不管什麼組織一定會有不合群，
特立獨行的人。
這種人的自我意識過強，
所以會習慣性地引發衝突，
也有人喜歡慫恿別人一起背後說閒話。

當你是聚會的一分子時，大可視若無睹。
無視或保持距離都沒問題。
但當你成為了領導者，這些問題就是你的問題。
你會努力走向對方，努力和對方變得熟悉，
會努力理解和自己不同的人。

那麼你知道會發生什麼事嗎？
無論是人格或品性都會從旁擴張。
你的心從小小的碗盤，變成了大臉盆。
你能擁抱除了家人之外的許多人，
成為了心胸寬大的領導者。

第二，堅決之心。
「願為所有人犧牲，身先士卒」的心態。

領導一個組織需要下很多決定，

大家意見一致是最好的，

但一定會有各分派系，或正反雙方激烈爭論的時候，

在這種時候，領導者就要果斷下決定，把事情往前推進。

當別人在猶豫不決時，你必須替所有人作出正確的判斷，

當所有人優柔寡斷時，你必須毅然決然地站出去帶領大家。

在這個過程中，你可能會被人討厭，

可能有人會在你背後說壞話，

你也有可能因為判斷錯誤而被要求負責。

但帶領大家需要一定的決斷力，

不管遇到多大的事情都要毅然應對，成為真正的領導者。

你知道我對領導的定義是什麼嗎？

在機緣巧合的情況下，不得不逼自己扛起責任，也在不知不覺間變得優秀。

如果你想喚醒內在的優秀，

請培養領導者的兩種心態吧。

▶ 人際關係對話法#9

要不斷與人見面，進行「連結」的理由是？

為了作出卓越決定的三階段

人生中的一個決定能改變人生。
我們有時候必須作出重要決定。
但意外的是，很多人用忙碌為由，
用沒有時間思考為由，
不經三思就即興地作出決定。

我在忙碌的日程中，
也會不斷地作出決定與選擇。
每當那種時候，為了能作出卓越決定，
我會使用屬於我的三階段訣竅。

第一，把煩惱放入口袋，
隨時想著它。
如果一直把它掏出口袋撫摸，
煩惱會化為片片碎片，
它在某一刻會像拼圖一樣拼起了碎片。

如果你把它一直掏出口袋，
問題會被立體地重構，
我的思維會被視覺化，一覽無遺。

這時候，差不多走到一半了，
再多想個兩三天，答案就會出來了。
像這樣子，把思維具體化。

如果不這樣做，就會要想不想的，
等到決定時間點逼近時才倉促決定。
那樣一來，煩惱和身體沒有合二為一過，
老是作出和你想法距離最遙遠的決定，
那必然成為最後悔的決定。

第二，建立待辦清單（To-do list）。
公司推動重要項目時也會建立小組，
當然這個組只有我一個人，
我要計算要投資多少能量和時間到
把這個決定變成現實的具體計畫中，
然後讓我的身體配合待辦清單行動。

假如我決定買房，
我會開車在想買的房子附近打轉，
一直探索那個地點，不斷地思考，
我的判斷沒問題嗎？還是我應該現在改變決定。

然後再確認一次，
最後是等待的時間。

在動用身體之後，要放著等待熟成，
靜靜地思索。
我作的決定有沒有變數，是不是有漏掉的地方，
要有使之完善的時間。

人生的重大決定應該和自己一起進行，
如果你被眼前的事占據了身體和思緒，
不給自己思考的時間，
有可能會出現意外變數，作出最糟的決定。
希望你能和自己一起作出最出色的決定。

▶ 姐姐的暖心毒舌 #95

作出人生重大決定時一定要經過的三個階段。

你的一個單字是什麼

這世上有數不清的，
關於成功方法的故事，
這使得成功看起來是件複雜又困難的事。

不過我聽說成功的秘訣意外簡單，
這世上的偉大事物、吸引人的事物、長久的事物，
都能用簡單明瞭的單詞解釋。

我們可以用一個單字，
說明下面這些人的人生與成就：
用「平等」（Equality）說明馬丁・路德（Martin Luther）；
用「心」（Heart）說明歐普拉・溫芙蕾（Oprah Winfrey）；
用「勝利」（Victory）說明溫斯頓・邱吉爾（Winston Churchill）；
用「影響力」（Impact）說明史蒂夫・賈柏斯（Steven Jobs）。

我人生的一個單字蘊含了
自己對人生的追求，
那份追求對自己而言有何價值，
自己對人生前進方向的期望。

我認為「熱情」這個單字蘊含了只屬於我的核心價值。

我為了分享熱情而講課，

即使到了現在五十多歲，我仍熱情地準備，

六十歲之後的第二個夢想。

你是不是覺得自己遠離了成功？

那就先尋找只屬於自己的單字吧。

這個單字會帶你找到走向成功的捷徑。

 金美敬的書劇#3-13

想改變、升級人生，一定要創造的一個「單字」?!

你是不錯的人

我的正職是老師，但除了講課之外，
我做了非常多的事。
我對自己的要求太多了。

我替未婚媽媽舉辦時裝秀、寫書、
全球巡迴講座、經營YouTube頻道和MK YouTube大學，
這些都是我叫自己做的，
沒有人推我做或叫我做。

你問我莽撞地去做沒做過的事，
不會害怕嗎？不會恐懼嗎？
怎麼不會。每當我接觸新的事，
每天都有好幾次想推翻自己的想法，取消它。

「我真的能做到嗎？」
「人們會不會在背後說閒話？」
「到底哪來的膽量開始？」
後悔、擔憂、恐懼的情緒湧了上來。

但你知道當我完成了事情，

到家時想什麼嗎？

「美敬，你辦到了！你真是個了不起的人！」

如果我只做別人要求我做的事，
我的模樣會和現在很不一樣。
當我完成自發性開始的事，
一個叫金美敬的人正被塑造重生。

如果你現在正被「我真的能做到嗎」的假性恐懼所折磨，
請一定要去做，然後請和真實相遇吧。
在那份真實中有禮物訊息。
「你是不錯的人」。

▶ **姐姐的暖心毒舌 #75**

給現在因為恐懼和擔
心而疲憊的人。

把夢想變成現實的方法

你認為的夢想是什麼？
我對夢想的定義是，
夢想是「蠢蠢欲動的自愛之心」。
因為你創造夢想的最基本原動力，
始於愛自己的心。

你愛著自己，
為自己著想的心蠢蠢欲動，
想著「希望今年能試試看做這件事」，
「希望我能成為這種人」。
我把這種蠢動的心稱為夢想。

但如果你只是任由夢想蠢蠢欲動卻什麼都不做，
那它真的只會是「夢」，
得讓夢想變成有實體的現實，
才有意義。

為了讓美夢成真，我經常使用一種方式，
聽起來有點無知，但真的很管用。
首先決定需要的時間，

我計算了在我成為能用英文講課的講師之前，
未來一年所需的學習時間，
然後在我的一年三百六十五天，每一天裡，
加入我所希望的夢想內容。

我時常把時間轉換成空間，
把一天二十四小時想成二十四個磚塊，
有八個磚塊因睡覺消失，
有八個磚塊因工作消失，
那麼我還剩下最後八個磚塊。
如果每天最多花五個磚塊在三餐和維持人際關係上，
我只剩三個磚塊，最多也只會剩下三個磚塊。

假如我要蓋一個名叫「英文講座」的富麗城堡，
不覺得我起碼要有一千個磚塊嗎？
換言之，我可以計算我每天累積三個磚塊，
要多久能建好這座城堡。

從那時起，我每天都努力累積三個磚塊，
我在睡前會想：
「我今天有學三小時英文嗎？」
如果時間不夠，我就從睡眠區裡抽出一兩個磚塊，
想辦法填滿三小時。

這是我把在我內在蠢蠢欲動的夢，
變為有實體的現實的方法。

不只是計算時間，
利用能堆積的空間結構物，
說服自己，讓自己動起來會簡單很多。
因為能感受到實體。
因為每天都在堆磚的我。

▶ **姐姐的暖心毒舌 #59**

把內心夢想變成現實
的最簡單方法。

和金美敬一起製作這本書的人

家庭經營家	街頭俏妞	飯味
金斯幸	拍拍	白恩經
共感帶形成	挑戰Moningdyu	星星拇指STAR FINGERs
Gongco	東感	星光思維
郭min	Dream	不惑屏罩
權麗元	Dream媽tv	鯽魚麵包兄妹
權極光	Dream Maker	善英媽媽作家
金晚霞	拉納柯南	雪恩秀
金美美	Liove One	聊天室TV chat roomTV
金善	柳惠蓮haeyun-ryu	銀色星星_房
金善希	柳惠勝	沈MAEPSI MOVEMENT
金英信	林智慧	ssukssamTV
金恩希	馬利斯特拉	雅斯郎
金正元	MOMMY OVEN	陽順
金智善	微笑棒	媽媽
金和分	朴勝秀	像哎咿孩子一樣
前往夢鄉的夢路	朴秀賢	嚴成柱
夢想的手指頭	朴詩妍	鴨鴨屁屁
實現夢	朴李音EEEUM	雪寶

國家圖書館出版品預行編目資料

這句話救了我/金美敬（김미경）著；黃莞婷譯. -- 初版.
-- 臺北市：平安文化有限公司，2022.09
　面；　　公分. --（平安叢書；第 730 種）(Upward；
135)
　譯自：이 한마디가 나를 살렸다：100 번 넘어져도 101 번
일으켜 세워준 김미경의말
　ISBN 978-626-7181-07-2（平裝）

1.CST: 人生哲學
191.9　　　　　　　　　　　111011726

平安叢書第 0730 種

UPWARD 135

這句話救了我

이 한마디가 나를 살렸다：100 번 넘어져도
101 번 일으켜 세워준 김미경의 말

이 한마디가 나를 살렸다
（THIS SINGLE WORD SAVED ME）
Copyright © 2020 by 김미경（Kim Mi-kyung, 金美敬）
All rights reserved.
Complex Chinese Copyright © 2022 by Ping's
Publications, Ltd.
Complex Chinese translation Copyright is arranged
with Kim Mi-kyung
through Eric Yang Agency

作　　者—金美敬
譯　　者—黃莞婷
發 行 人—平　雲
出版發行—平安文化有限公司
　　　　　台北市敦化北路 120 巷 50 號
　　　　　電話◎ 02-27168888
　　　　　郵撥帳號◎ 18420815 號
　　　　　皇冠出版社（香港）有限公司
　　　　　香港銅鑼灣道 180 號百樂商業中心
　　　　　19 字樓 1903 室
　　　　　電話◎ 2529-1778　傳真◎ 2527-0904
總 編 輯—許婷婷
執行主編—平　靜
責任編輯—陳怡蓁、蔡維鋼
美術設計—嚴昱琳
行銷企劃—許瑄文
著作完成日期— 2020 年
初版一刷日期— 2022 年 8 月

法律顧問—王惠光律師
有著作權 · 翻印必究
如有破損或裝訂錯誤，請寄回本社更換
讀者服務傳真專線◎ 02-27150507
電腦編號◎ 425135
ISBN ◎ 978-626-7181-07-2
Printed in Taiwan
本書定價◎新台幣 380 元 / 港幣 127 元

● 皇冠讀樂網：www.crown.com.tw
● 皇冠Facebook：www.facebook.com/crownbook
● 皇冠Instagram：www.instagram.com/crownbook1954
● 小王子的編輯夢：crownbook.pixnet.net/blog